大家さんのための空き部屋対策はこれで万全!!

儲かるマンション経営

樋爪 克好／河合 明弘／武藤 洋善

はじめに

この本には、成功する大家さんのための秘訣がたくさんつまっています。

もちろん、大家さんとひとくちに言っても、経営の規模、目的から現状に至る経緯まで
では、さまざまです。また、所有物件の立地による違いもあります。

そんなことから、当面必要と感じる情報にも違いがあることでしょう。

「これは私には要らないな」

そんなふうに感じるところもあるかもしれません。

でも、少しだけ辛抱して読み続けていただくことをおすすめします。必要ないと感じた話が、実は今、自分がもっとも必要としている情報だったり、今すぐには必要なくても、ほんの少しあとで必要になる話だったりするはずですから。

そんな「きっと必要な話」を集めてあるのが、この本です。

「きっと必要な話」

私が、そう言い切ってしまえるのは、私自身が祖父の代からの大家業の出身だからです。

現在、私は東京近郊のさいたま市を拠点に、不動産管理を中心にあつかう会社を経営していますが、もともとは、さいたま市で代々続く農家で育ちました。それが、祖父の代には近郊農村の宅地化を背景に、借家やアパートを兼業するようになったのです。私もそうした都市化の進行するなかで育ち、地価の高騰とバブル経済の崩壊による影響も体験してきました。また、物心ついてから二度の相続も経験しています。

「部屋はどうして埋まらないの？」

「建て替えやリフォームの間取りや内装はどうしたらいいの？」

「納税のためには資産をどんどん切り売りしないといけないの？」

私が、父から大家業を引き継いだとき実際に直面したできごとや、その後大家業を手がけるなかで向き合わねばならなかった多くのできごと。この本であつかう話の多くは、そんな体験に根づいたものです。

それは、度合いの違い、向き合う時期の違いこそあれ、どの大家さんもどこかで必ず向き合うことがらだと思います。

私は、大家業を円滑に進めていくための方策を求めるうち、結局、自分で不動産管理の会社を立ち上げました。自分をはじめとした大家さんの困りごとを解決するには、それが一番の近道と考えたからです。そして不動産管理の業務を手がけるうちに、自分で体験したことの解決策はもちろん、自分がそれまで体験してこなかったさまざまな課題にも向き合う機会も生じてきました。

この本でお伝えする成功する大家さんのための秘訣は、その不動産管理会社・K'sコーポレーションで、お取り引きのある大家さんたちといっしょに、実際に行ってきた解決法です。

難しいと思われることも、やりかたひとつで解決することができます。この本は、そんな秘訣のつまった魔法の箱です。

さあ、さっそく開けてみましょう！

目次

第1章 部屋は埋まってますか？

第5章　成功大家さんのための管理会社の選び方

第6章 入居率98・5%！すべての悩みが解決

第7章　不動産に関する税務と法律

第１章

部屋は埋まってますか？

空室が埋まらない

「空き部屋が埋まらない」

大家さんからそんな声を聞くことが少なくありません。ひと昔前なら、考えられなかったことですが、現にそのようなことが、あちらこちらで起きています。

戦後のある時期までは、空襲に見舞われた都市部には良質な住宅が少なく、またそれを建てる余裕も誰にもない時代が続いていました。アパートに限らず、一戸建ての貸家も含めて、賃貸住宅は完全な貸し手市場でした。

物価も上がり、給料も上がった時代です。良質とは言いにくいものもふくめて、家賃も上がり続けていました。

住宅不足は、経済成長の進行とともに少しずつ解消されていきました。また、国の持ち家政策もあって、家を買う人が増え、家族向けの一戸建ては立派な住居が増えました。

家賃はそれでも上がり続けました。そういうものでした。

一方、アパートなどの単身者用住宅は、その後も相変わらずでしたが、一九八〇年代以降、ワンルームマンションの普及をはじめ、比較的良質なものが供給されはじめました。ちょうどバブル景気に向かっていくころ、まだほんの三〇年ほど前の話です。

その後の地価の変動――いわゆるバブル経済の時代、個人には巨額というべき融資を受けてマンション経営やビル経営に乗り出した大家さんたちも少なくありません。その結果は、必ずしもよいものではなかったことは、まだ記憶に新しいところです。

大きな変化はあったのですが、良質な住宅の供給という点では、おおむね進歩が続いてきました。その後のデフレでほかの物価同様、家賃も伸びなくなった一方、集合住宅の供給は着実に伸びていきました。

家賃は上がらないどころか、どうかすると下がりかねないなか、供給は進んでいきました。住宅メーカーは休みませんから。

結果は、借り手市場の出現です。

良質な住宅が増え、それがかつては下宿屋の守備範囲であった単身の若年層もカバーする時代。それは借り手にとってすばらしい時代だと言えるでしょう。単身の高齢者をはじめ、その恩恵を受けることが難しいケースもままあるのですが、それでも昔にくらべると比較にならないほど住まいに恵まれた時代だと言えるでしょう。

一方、大家さんたちにとってはどうでしょうか。必ずしもいい時代とは言えないのかもしれません。でも、あきらめることはありません。借り手市場の今でも、入居者が殺到する集合住宅もあるのですから。

そのノウハウは、この本のもっと先のほうで詳しくあつかっていますが、まずこの章では、大家さんが直面している問題点について触れてみましょう。

大家兼業の農家に生まれて

私ごとで恐縮ですが、私は本格的に大家業をはじめる前は、市役所に勤務していました。

私の生まれ育った埼玉県・与野は、東京の近郊に立地することから、戦後は宅地化が急速に進んだところです。北の大宮と南の浦和にはさまれて位置し、のちに両市と合併して、さいたま市となりました。私が生まれたころは独立した市でしたが、市内居住者のなかには、隣接する両市へ通勤する人も少なくありませんでした。

家は農家でしたが戦前から大家業も兼ね、私の物心つくころには、農業は祖父が形ばかり続けていた程度でした。一方、大家業は、六〇軒ほどの住宅に借地を供給し、アパートを七～八棟経営するなど、すでにそちらが主になっていました。

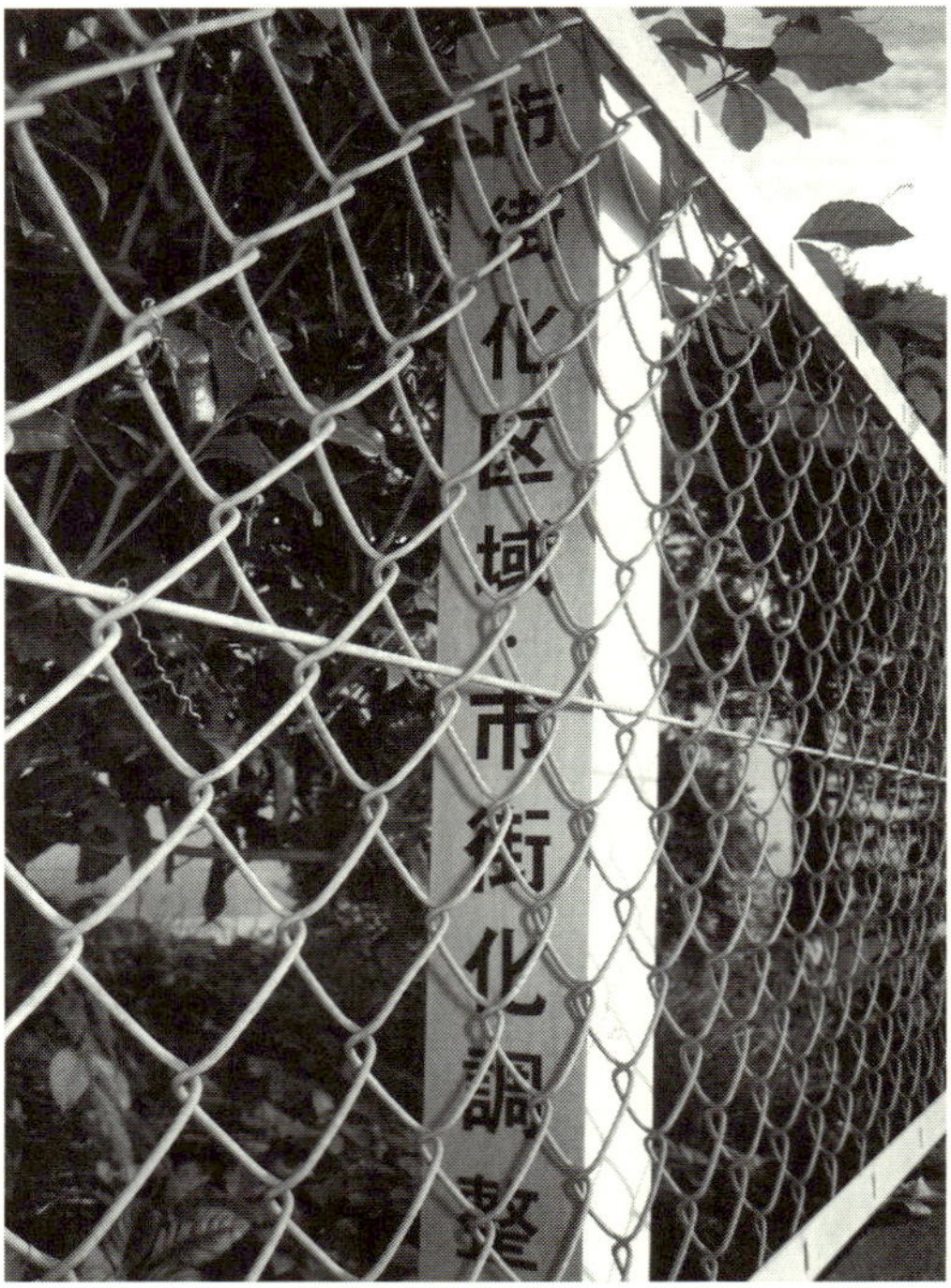

市街化区域と市街化調整区域の境界を示す標柱

大家業の経営は祖父が取り仕切り、父は会社勤め、母は家事のかたわら農事にも加わっていました。

このあたりは大正の関東大震災、昭和の戦災と、都市部が被災するたびに移住者が増え、宅地化が進んできた土地ですが、戦後の経済成長は、それに拍車をかけました。そのころ乱開発は全国的な問題となり、無秩序な開発を防止するために一九六八（昭和四三）年には都市計画法が制定され、市街地や市街化を促進するべき区域を「市街化区域」とする一方、抑制するべき地域を「市街化調整区域」とする「線引き」が行われました。

「市街化調整区域」に組み込まれると宅地開発ができなくなり、農地や緑地は保存されると考えるのが普通ですが、このあたりでは、逆の現象も起きました。「市街化調整区域」に正式に組み込まれると開発の対象とならないために売り物にならないことから、組み込まれそうなところ、組み込まれる予定の農地を、駆け込みで売却する農家が続出したのです。このとき、農地はうんと減りました。

さらに一九八〇年代の末、バブル景気のころ、地価は高騰し、時期的に相続にあたった農家の土地は、次々に売却されました。

現在でも与野で営農を続けている人はいますが、それにたずさわる人数も面積も、昔のおもかげはありません。

親子二代、退職して大家に

私の家では、バブル景気の少し前、祖父から父へと代が移りました。父は大家業を継ぐために勤めをやめました。わが家の大家業は、勤めのかたわら手がけるには、仕事の量からみても、少々荷が重い仕事でした。このとき相続税の支払いのため、家産をだいぶ処分しています。農業は、祖父の代限りとなりました。

そんななか、大学を卒業した私は、地元の三市の水道事業を担当する埼玉県南水道企業団に就職。企業団はのちに三市が合併してさいたま市が発足する際、さいたま市水道局となり、私もそのまま市の職員となりました。さらに人事異動で水道事業を離れ、危機管理担当部署に配属され、文字通りの市役所勤めとなりました。

仕事はおもしろく、続ける気満々だった私ですが、父がだんだん高齢になってきました。いい管理会社があればコストを負担してでもおまかせするという方法もあったのですが、結局私が役所をやめ、大家業を継ぎました。親子二代、同じことを繰り返したことになります。

なお、このとき退職した理由のひとつには、相続税の対策をとる必要を感じていたこともあります。父は現在も健在ですが、いずれやってくる相続は避けて通れません。それなりに準備を整えておく必要もあったのです。

祖父の相続の際、家産を処分して税を納めた父は、「相続税対策」というもの自体、あまり気が進まないようでしたが、私としては祖父から父へのときはともかく、今度も同じことを繰り返すと、私からあとへ残す資産は、よくて家ぐらいになってしまうのではないかという危惧がありました。

この相続税対策に自分で乗り出したことが、現在、不動産管理会社を経営するきっかけになっています。

税理士さんに頼むとどれくらいかかるのか不安

税理士さんに依頼するのが間違いない。そう思っていても敷居が高い。そう考えるもっとも大きな理由は、料金がいくらかかるかわからないことかもしれません。以前は規定の料金があったのですが、現在は自由化されています。まずは、税理士事務所のホームページなどで確認してみることをおすすめします。

料金については、実のところ引き受ける税理士さんの側でも、不安なのだそうです。案件により、必要な時間などに大きな違いがあることから、「やってみないとわからない」部分があるからです。

相続税の場合なども、単純にひとつの案件として考える事務所もあれば、相続人の人数に応じて異なった料金設定とする事務所もあります。相続人が一堂に会することが難しいケースなど、個別交渉が必要となることがあるせいでしょう（96 ～ 98 ページ参照）。

事業継承の難しさ

私の場合、大家業は父祖の代からですが、必ずしもそれをそのまま引き継いだわけではありません。

父は、相続について「準備をする」といったことにはあまり関心がありませんでした。というより、「相続税は払うものだ」と考えていました。私は、「払うのもよいが、それだったら対策して増やしていったほうがよい」という考えで、意見は合いませんでした。

そうは言っても、父も齢ですし、軽い脳梗塞も経験し、今までどおりというわけにもいかなくなってきました。準備はやはり必要です。

まずは、父について大家業の見習いをはじめてみることにしました。

でも、これはなかなかうまくいきませんでした。

日ごろのんびりとお茶など飲んでいる父と、大家業の経営者としての父は別人です。手慣れたもので、なんでもこなしますが、私が続いてやってみると、そうすっとはうまくいきません。

多くのことを短期間で、しかも一度やってみるところを見たくらいで覚えるのは至難です。何度も誤りを繰り返すことになります。

こちらもうまくいかずにいらだっているのですが、父のほうは、もっといらだつらしく、顔も言葉も険しくなってきます。

親子で仕事や技を伝えるというのは、職人さんの世界などでは、よく耳にすることです。その場合、子は親に弟子入りする形をとります。その時点でお互い腹をすえ、覚悟を決めるわけです。

その点、私には覚悟が不足していたのかも知れません。また、始めた時期も遅かったということもありました。大家業に対する抱負や、今後についての考え方も違ったところがありました。

近くの賃貸マンションが一棟、売りに出ているのを知ったのは、そんなときでした。私は、この物件を購入することを父に提案しました。それは相続税対策の一環でもありましたが、とにかく自分ひとりの手で切り盛りしてみたいという思いもありました。

「まぁ、やってみないとわかんねえからな……」

父は、そんな言葉とともに同意してくれました。

家賃収入はすべて自分のものではない

そのマンションは、3LDKを中心に二一世帯、築二〇年。価格は、一棟二億円でした。

融資を受けて、この物件を購入したのですが、この建物は、私にいろいろなことを教えてくれました。

この建物は、もともとバブルのころに分譲目的で建設されたものでした。それを、よそで土地を売って七億円を得た方が、新たな投資先として全戸まとめて購入されたものです。一戸あたりの価格は、四〇〇〇～四五〇〇万円で、あわせて九億円。残りの二億円は金融機関からの融資を受けたそうです。

バブルのころだけに一戸あたりの価格は高く、それを戸数分の掛け算の価格で購入したわけです。「これでは、買うよりも建てたほうが安いな」というのが、正直な感想でした。

そのマンションが、一棟まとめて二億円で売りに出ていたわけです。売り主の方は、単純な買い値との差し引きでは、七億円の損ということになるでしょうか。

バブル崩壊後、不動産価格は大きく下がっていましたし、マンションのような建物は、古くなればなっただけ値が下がります。ですから、値が下がったこと自体は、不思議なことではありません。

でも売り主さんは、なぜこの値段で手放そうとしているのでしょうか。私の興味は、そちらに向かいました。なにも下がっているときに売らなくてもいいわけですから。

理由は、すぐにわかりました。こまかく言えば、それはさまざまあるのですが、つまるところ売り主さんが、入ってきた家賃を生活費にそのままあててしまっていたところにあるようでした。

家賃収入は、どうかするとすべて自分のものに思えますが、必ずしもそうではありません。そのなかから固定資産税や所得税を支払います。そのうえで、やがてやってくる大規模修繕のために、ある程度まとまったお金をプールしておくことも必要です。

この売り主さんの場合、買ったときは新築だったマンションも、築二〇年を数え、大規模修繕の時期にさしかかっていました。でも、その費用がありません。プールせずに使ってしまっていたわけです。

銀行からの借り入れでなんとかしようと試みましたが、銀行は貸してくれなかったそうです。

「大規模修繕の費用は、本来貯めておくもの。それをせずに費用が出せないところには、さすがに銀行もお金を貸せない」

自宅を売って大規模修繕を行うか、マンション自体を手放してしまうか。そんな二者択一をせまられて、結局マンションを手放さざるを得なくなったようです。

最初に土地を売った際に手にした七億円は、これで消えてしまいました。

もっとも、それまで生活費をまかなっていた家賃収入の分もありますから、必ずしもまるまる消えたわけではありませんが、少なくとも目の前から消えてしまったことには変わりはありません。

サブリースの落とし穴

私が最初に手がけたマンションの場合、気になる点がもうひとつありました。

それは、近隣の相場より家賃が少し安かったことです。条件のよく似た近くの物件では八万円ほどの賃料なのに、このマンションは七万二〇〇〇～七万五〇〇〇円ほどなのです。

自殺者を出すとか、建物に不良箇所があるなどの〝事故物件〟かとも思いましたが、そうではないようでした。だとすると、なぜなのでしょうか。

聞いてみると、ここは不動産会社とサブリース契約を結んでいました。

ひとつの会社にまとめて貸し出し、家賃は借り手の会社から一括で受ける方式です。入居者は借り手の会社が探します。借り手の会社の側は、家賃の一〇～一五％くらいの管理手数料を得ることで利益を出す仕組みです。

サブリースの場合、たとえ空き部屋があっても、その部屋の分も借り手の会社が支払ってくれますから、大家さんにとっては、リスクが少なく手もかからずということで、人気があります。

ただし、この契約にも落とし穴があります。多くの場合、会社から大家さんに支払われる賃料は、数年後に見直される契約になっているのですが、現状ではおおむねこれは引き下げられることが多いのです。また、一度目の見直しは一〇年といった単位だったものが、二度目以降は二年ごとといった具合に、小刻みに変わっていく契約が多いようです。

サブリース会社の側からすると、一括して借りて賃料を払うわけですから、部屋は満室にしておき、遊んでいる部屋が出ないようにしないと、利益が得られない仕組みです。新築時は、借り手がつきやすいのでそれほど問題は出にくいでしょうが、建って何年も経つと、その神通力は効かなくなります。

そこでサブリース会社は、貸し出す際の家賃を下げることで入居者を得ようとします。当然、その建物の家賃相場は、近隣にくらべて下がります。大家さんとの間で交わされる、次回の賃料見直しの際には、その分をしっかり反映した形に賃料は下げられます。というより賃料の見直しは、それを先に見越した形で行われていることが多いのです。たしかに空き部屋が出ても賃料は入ってくるのですが、その額は、最初に大家さんが考えていたものとはだいぶ違ったものになってしまいます。

およそ家賃というものは、いったん下げてしまうと、もう一度上げるのは容易でないものです。なにかの理由で周辺の需要が激増するとか、逆に集合住宅が減ってしまい、供給が追いつかないといったことがない限り、下がったままになるでしょう。

また、その建物の家賃収入が下がるだけでなく、近隣の相場を押し下げる効果をもたらすこともあって、周辺の大家さんからは疑問の目で見られることにもなりかねません。

このような仕組みは、駅が近いなど、借り手が容易に見つかる、条件のよいところなら問題は起きにくいのですが、そうでない場合、しばしば家賃収入の減少をもたらします。

サブリース会社の側からすると、おそらくは最初から織り込み済みなのではないかと思いますが、大家さんの側からすると予期せぬ減収となります。これもまた、元の大家さんが建物を手放す理由のひとつになったと思います。

もっとも、そのようなことがあったればこそ、自分が買うことができたのも事実です。このマンションからは、多くのことを学ばせていただいたと感謝しております。

利益が出ないとおちいる悪循環

大家業を続けていると、管理会社などから、さかんにリフォームをすすめられることもあります。たしかに住環境が昔とは比較にならないほど向上していますから、部屋を探す人の目は肥えています。きれいな部屋、使い勝手のよい部屋でないと、入居者は選んではくれません。

理にかなっていることですから、言われるままにリフォームをすることになります。でも、お金をかけた分、きちんと入居者があればいいのですが、リフォームしても空き部屋のままということもあります。空き部屋の分は賃料は入りませんし、入ろうが入るまいが税金をはじめ、出ていくものは出ていきます。融資を受けて建てた場合は、その返済も必要です。

そんなとき、管理を依頼している会社から今度は家賃の値下げを打診されることも、めずらしくありません。

値下げで乗り切ろうというわけですが、それで部屋が埋まるとも限りません。そこで、もう一度下げることになります。どうしてこんなに安くなったのかと、嘆息せざるを得ません。

こうなると、お金はかけたくともかけられなくなります。

大規模修繕もリフォームも、いわば設備投資なのですが、それすらできなくなると、ますます入居者が選ぶ対象からははずれていきます。建物は齢をとっていきますから、日を経るごとに状況は悪くなります。

大家さんにとっても大変ですが、その時点で住んでいる入居者にとっても不幸です。長く住み続けている人ほど、以前からの高い家賃を払って住んでいます。その建物の家賃相場が下がって割高感があるうえに、住環境は悪くなる一方なのですから。そんな場合、契約が切れた時点で転居してしまうかもしれません。

まさに悪循環です。

こうなると目も当てられません。買い手を探さざるを得ないことになります。残念ながら廃業です。

先に挙げた、元の大家さんが手放さざるを得なかったマンションの例も、つまるところは同じことでしょう。金利の高いときに高額の融資を受けたことや、サブリース契約が悪いほうに働いたことで、事態がさらに悪化していますが、基本は同じです。

次章では、大家さんをこうした状態に追い込んでしまう、現在の不動産業界の仕組みについて解説していきたいと思います。

第２章

大家さんに優しくない不動産業界のしくみ

部屋はどうして埋まらないのか?

「借り主が退去したあと、何カ月経っても部屋が埋まらない」

そんな声をよく耳にします。

「ちゃんと、昔からおつきあいのある不動産屋さんに頼んでいるんだけどね」

半年はおろか、一年たっても借り手がつかないことは、今やザラです。

どうしてこんなことになるのでしょうか。

不動産屋さんに聞いても、あまりおおっぴらに語ってはくれませんが、ちゃんと理由があります。

実はこのようなことは、頼んでいる不動産屋さんが「仲介」と「管理」の両方を同時に受けているケースで起きやすいのです。

不動産の管理によって得られる費用は、たとえば賃料六万円の部屋で管理費が五％なら、ひと月当たり三〇〇〇円です。

一方、契約が一件成立したときに得られる手数料は、借り手からの手数料が一カ月分、大家さんからの手数料（広告費）が一カ月分で、六万円×二＝一二万円です（いわゆる両手仲介のケース）。

一件の契約を成立させるときに得る金額を管理で得ようとすると、一二万円÷三〇〇〇円ですから、四〇カ月かかることになります。

そうなると不動産屋さんも商売ですから、いきおい新規の契約獲得に主眼をおくことになります。理の当然というものです。管理はおまけなのです。

ここからがかんじんなところです。

契約を獲得すれば利益がでるのだから、不動産屋さんは力を入れて取り組んでくれる、そうお思いになると思います。実際、不動産屋さんもそうしたいのはやまやまでしょう。

でも残念ながら、そうはならないのです。

不動産屋さんは、まず自分の店舗を通じて物件を公開し、借り手を探します。昔ながらのやりかたですが、昔ならこれでたいがい決まっていました。この場合、加盟する流通機構などを通じてほかの不動産屋さんにも情報が流れます。

加えて、今はインターネットで部屋を探す時代です。不動産屋さんも自社サイトを通じて公開します。同時に加盟する流通機構や大手の会社を通じて公開します。

これだけやっていれば決まりそうなものですが、それが決まらないのです。

前に記した一二万円というのは、貸し手も借り手も自社で直接あつかった場合の話です。ほかの会社に借り手を紹介してもらった場合、借り手からの手数料は、そちらにいってしまいます。

そこで、情報を公開してもほかの不動産屋さんからの問い合わせには応じずに「囲いこむ」ことがあるのです。問い合わせがあるということは、借り手がありそうな物件の証拠です。なら、自分のところで借り手が見つかるまで寝かしておけばいいと考えるのでしょう。商売敵に利益を譲るくらいなら、抱えておけということです。

ひどいところになると、公開そのものをせず、文字どおり「囲い込んで」しまう場合もあるようです。

囲い込んだ不動産屋さんに、自力ですばやく借り手を見つけるだけの力があれば、それでもいいのかもしれません。でも、いまどき街の不動産屋さんにそれだけの力があるわけでもありません。

結局、借り手は見つからずに一年が過ぎるということになるわけです。

これを解決するには、すみやかにできるだけ多くの不動産業者、それもネット上で借り手に頼りにされている複数の大手の業者に情報が行き渡らせることが必要です。

でも、それはやってもらえないことが多いのです。

この件の具体的な解決法については、第五章、第六章で解説していますので、ご覧ください。

餅は餅屋

仲介と管理の両方を手がける業者に頼むと、管理はおまけであるばかりか、仲介もままならないことがあることは、前項で記したとおりです。

まず大前提として、管理は管理専門の業者の手にゆだねるのがよいでしょう。管理専門の業者に頼むメリットのひとつは、仲介によって自分が利益を得ることがないため、仲介業者を自由に選ぶことができるということにあります。

借り手探しは、集客力のある大手業者にまかせることができます。私の会社の場合、複数の大手業者を通じて借り主をさがす仕組みにしています。

そしてもうひとつのメリットは、管理の質です。

仲介と管理の両方を手がける不動産屋さんの場合、どうしても利益の上がる仲介が主となり、管理のほうは力が入りにくくなります。でも、管理専門の業者なら、質の高い管理を提供できます。そうしないと事業が成立しないのですから、当然と言えば当然です。

より借り手の見つかりやすい賃貸住宅にするために、そしてそれを維持するために、管理はたいへん重要な位置を占めます。

私の経営する管理会社を例にとると、家賃の出納や清掃といった基本的な業務はもちろん、アパート・マンションの顔であるエントランスやロビーのリニューアルのご提案から、内装のリニューアルなど、今部屋を探す借り手の方々がご希望されるであろう部屋や建物を念頭においた、たくさんのご提案を差し上げています。

もちろん実行に移す場合には、その手配も手がけます。

また、既存のアパート・マンションのほか、新たに建築される大家さんには、庭の配置や間取り、設備にいたるまでのご相談をお受けしています。

仲介を主とする業者の方々も、プロですから、基本的な業務はとどこおりなくこなしていただけるとは思いますが、それ以上を期待するのはむずかしいでしょう。

餅は餅屋なのです。

空き部屋をつくらないためには、集客力の強い仲介者に依頼することと、借り手が飛び込んでくるような部屋に仕上げることの両方が必要です。

その両方を同時に得るためには、まずは、それを実現してくれる管理会社にめぐりあうことが必要なのです。

夢を見る代金

ある知人の話です。

知人の住むあたりは、長らく区画整理が進められていました。そして、ちょうど完成する前後になると、地権者のところにはハウスメーカーなどからの営業がさかんに足を運ぶようになりました。

区画整理以前は、自分の家を建てるならともかく、宅地としての商品価値はないところでしたから、少々うるさがりながらも、みな、まんざらでもないようすです。これも、区画整理組合をつくって、所有地の一部を出し合って道路をつけ、電気や水道などのインフラを整備したたまものでしょう。

営業マンがすすめてきたのは、集合住宅の建設です。

「サブリース契約ですから、みなさまがご自分で借り手の方を集める必要はありません。空き部屋の分もお支払いしますから安心です」

建物はメーカーにおまかせ、銀行の融資もつくなど、いたれりつくせりです。

多くの人が同意し、知人も乗りました。

最初は順調でした。でも、数年経つうちに借り手はだんだん減っていきました。建物の真新しさも、もっと新しい建物があちらこちらに建つころにはだんだん薄れていきました。

そして五年後の契約更新の日がやってきたのです。

新たに提示された賃貸料金は、びっくりするほど安いものでした。おどろきはしたものの、断ったところで自分で経営に乗り出すわけにもいきません。なにしろ今まで全部おまかせでやってきたのですから。それに、入居者が減っていることも知っており、無理もないという気持ちもあります。

一回目の更新からは、次の更新までの期間はうんと短くなりました。そのたびに家賃は見直され、だんだん利益どころではなくなってきました。銀行融資の残高は、まだまだたくさん残っています。

あまり考えたくない雲行きになってきましたが、自分からはどうすることもできません。ただ事態の推移を見守るだけという日々が続いています。

この知人の土地は、県下でも都内から決して近いとは言えないところにあります。駅からも近くありません。長らく市街化調整区域だったのもそのせいでしょう。区画整理と同時にその指定が解除され、みなが高揚感にひたっているさなかに営業マンが訪ね歩いたのです。我先に手を挙げたのもうなずける話です。

結果はごらんのとおりでしたが、はたしてこれは営業マンが悪いのでしょうか。だまして歩いたことになるのでしょうか。

そうではないと思います。彼らは建てるのが商売、契約するのが商売です。融資した銀行も貸すのが商売。返してもらわないと困るでしょうが、そこは抵当権が設定されています。

結果的に事業がうまくいかなかったというだけで、悪い人はひとりもいません。悪人さがしより、うまくいかなかった原因を探るほうが重要でしょう。

見通しの甘さがもたらした結果ということになるでしょうが、その甘いプランに同意したのは知人本人ですから、その点、だれを責めることもできません。

事業を起こすときには、つねに自分のプラン、自分の目標、自分の目的がないと、進むべき方向を見定めることはできません。それがないままに、他人の示したプランに乗ったのですから。

もしこれから失うものがあるとすれば、それは夢を見た代金だったということになるでしょう。

廃墟となった有料老人ホーム

有料老人ホームの建設が流行ったことがあります。

必要な施設の供給ですから、流行もののようにあつかうのは気が引けますが、大家業という立場で見ると、その建設ラッシュは、流行のようでした。

特別養護老人ホームの不足する状態から、需要を見越して次々と建設されたものでした。

私が聞いているのは埼玉県下の事情ですが、たとえば入居時に二〇〇〇万円の入所金が必要といった具合に、必要な費用も高額なものでしたが、たちまち入所者で埋まりました。

公的なサービスで対処できる限界をはるかに超える需要が、たしかにあったからでしょう。

これらの有料老人ホーム建設のための用地に求められるハードルは、率直に言ってあまり高いものではありませんでした。

入所者は所内で生活し、通勤も通学もしませんん。その意味で交通の利便性は重視されません。広さだけは必要ですが、通常の集合住宅に求められる条件の多くが、あまり必要とされなかったので、周囲になにもないような閑静で地価の安いところに続々と建設されました。

これらのなかには、事業者が自分で土地を購入して施設を建て、開所するといったものもありましたが、施設の所有と運営は別というケースもたくさんありました。流行ったのは、後者のほうです。

まず業者が適地を所有する地主さんを勧誘します。例によって、地主さんが銀行でローンを組んで建物を建て、それを事業者にリースするという方式です。これはサブリースの一種と言えます。

貸す相手が有料老人ホームなら、部屋が埋まらなくて契約の料金を見直すということもなさそうです。しかも、もともと住宅用途としては、使い道のあまりない土地を活用できるのです。よいビジネスだと思われたのですが、ここにも落とし穴がありました。あまりに次々と建設されたため、じきに供給が飽和状態となり、各施設間で入所者を奪い合うような事態となったのです。加えて労働環境にくらべて賃金が低いことから、業界全体で人手不足が深刻となり、運営困難になるケースも出てきました。

老人施設や医療関連の機関であっても、ペイしなければ事業として成立しません。とうとう撤退する施設がでてきました。

契約上解約できない期間は設定されていますが、通常数十年にわたってしばる契約はされません。契約にもよりますが、一〇年、二〇年と経てば、自由に解約できるケースが大半です。

施設の運営業者は、その期間を過ぎてからなら、撤退すれば、それで済みます。でも、地主さんにとって、問題はそれからです。

末永く利用されると思って建てた鉄筋コンクリートの建物のローンは、まだまだ支払い期間が残っています。

次の借り手が現れれば問題ないのでしょうが、そうもいかないでしょう。供給過剰が原因で撤退するのですから、別の有料老人ホームが借りてくれるはずがありません。

では、ほかに転用できるかというと、それも難しいのです。もともと施設自体が目的に合わせて作られているうえに、立地条件もよくないのですから。

かくして廃墟と化した夢の跡がそこかしこに……。

先々を見通すことが、いかに難しいか、つくづく考えさせられる話です。

ちなみに、二〇一五年現在、有料老人ホームの倒産件数は、五年前の二倍にのぼっているそうです（読売新聞・二〇一五年一〇月三日）。倒産となると契約もなにもなくなってしまいます。その場合、建設から日が浅いところでも、なんの保障もなく退去となるケースも出てくることでしょう。

退去した社員寮の使い道

末永くと思った施設の撤退は、有料老人ホームに限ったことではありません。これは私の話です。

私は管理会社をはじめてからも、相変わらず大家業は大家業として続けているのですが、これは、その事業のなかで起きたことです。

所有する物件のなかに、今から二〇年ほど前、父が経営していたころに建てた、ある会社の社員寮があります。

外装も内装も、バブルのころのぜいたくな仕様の社員寮。会社の方針転換で撤収してしまった

だれでも耳にしたことのある企業です。その会社が社員寮として借り上げることを前提に、その旨契約書を交わして建てた施設です。バブルのころらしくデザインもこり、設備もまた立派なものです。各フロアには、ゆったりとしたロビーも設置されています。

社員寮にはぜいたくすぎるという印象なのですが、建てた当時はそういう時代でした。規模も小さくない、外見は比較的高級なマンションのような建物です。

ずっと使い続けてくれるものと思っていたのですが、最近解約されてしまいました。解約できない期限などとっくに過ぎていますから、どうしようもありません。有料老人ホーム同様、社員寮も、入るときも出るときも、いっぺんにやってきて、いっぺんにいなくなります。出ていけばゼロなのです。

高齢の父は、それを聞いて倒れてしまうほどの衝撃でした。

しかし、頭を抱えてばかりもいられません。さて、次はどうするかを考えないと、税金の支払いもあればローンの残金もあります。

幸い駅から比較的近いところに立地していますから、いっそのことマンションに建替えてしまえばよさそうなものですが、そんな資金がどこにあるのか。

リニューアルして集合住宅として使うという方法も考えましたが、ぜいたくなつくりとは言え、社員寮です。各室には風呂はもちろん、トイレも調理場もありません。そうした施設はすべて共用なのです。ちなみに一階のロビーには厨房が設置されており、集会室と食堂を兼ねています。

これでは賄いつきの下宿には使えても、集合住宅には向きません。あくまでも社員寮の設備なのです。

これを何に使えるか。

ずいぶん頭をひねって考え出したのは、シェアハウスへの転用という方法でした。これを書いている現在、そのために施設の外装からリニューアルに着手しています。

結果はまだわかりませんが、遊ばせておくわけにはいきません。設備の特徴を生かしたうえで、現在の時点で、もっとも時代の要求に合ったものに転用していくほかありません。

第３章

こういう大家さんが成功します

目標が達成できて成功と呼べる

成功するために第一に必要なものはなんでしょうか？

機会、元手、行動力、時間、健康、人脈……。

どれも必要なもので、いくらでも挙げられそうです。では、そのなかでいちばん必要なものといったら……？

それは目的・目標であると思います。

そもそも成功するにせよ失敗するにせよ、それを判定する目安というものが必要です。その目安は、自分の目的・目標にそっているかどうかではないでしょうか。ならば、その目的・目標がはっきりしてこその成功、失敗であるはずです。

目的が大家業をつつがなく続けていくことであれば、冒険は避けるでしょう。また、規模を拡大することなら、融資を受けて積極策に出ることも必要になります。

家産を次代に引き継ぐことなら、相続税対策が重点課題です。とにかくいい住まいを提供して借主の方に喜んでいただくことなら、まめに手をかけることが必要です。

実際の大家業は、これらのいずれもが目的・目標として必要になってくるものだとは思いますが、人によりそこに軽重はあるはずです。

まず、自分がいちばん求めているものを知ること。そこから適切な目的・目標を見定めることが、いちばん大切なことかもしれません。

目標を達成する喜びは、目標のないところには生まれません。

また、大家業にも困難はつきものです。降りかかる困難を乗り切るためにも、何のために骨を折るのかを自覚しておく必要がありそうです。

農家の人は大家向き

大家業に転じる前は、農家だったというケースは、郊外の住宅地では、ごく当たり前のケースだと思います。

私のところもそうでした。

農業と大家業は、まるで畑違いのようですが、似ているところがあるようです。

農家の人は、米作専業のようなケースは別にして、畑作が行われているところでは、昔からその年の天候などを踏まえて作付けを変えるなど、毎年いろいろ考えながらやってきました。

なにしろ自然が相手ですから、ある意味、それはバクチのようなところもあると思います。でも本当のバクチとは違います。それは、自身の経験や先輩の経験を踏まえ、あるいは、よその地域での事例に学ぶことによって得られた判断に支えられているからです。

考え、学び、実行する。そしてその経験を次に生かす。その繰り返しなのですから、ただのバクチとは違います。

でも、そんな農家の方々も、大家業に転じると、知恵や工夫を忘れてしまっていることがあるようです。

大家業も農業同様、知恵と工夫の仕事です。アパートを建てたから、それを維持していきさえすればよいと考えていると、少し苦しいでしょう。

建てた瞬間から建物は古くなっていき、そのつど補修が必要になります。また、交通の便や商店の立地など、そのアパートを取り巻く環境は、年々変わっていきます。

月々の単位では、つい見逃してしまうような小さな変化も、数年といった長い目で見れば大きな変化になっていることがあります。

借り主を絶やさず、賃料を下げずに維持していくためには、こうした変化に対応し、あるいは先取りをしていく必要があるわけです。

そのためには、学ぶこと、そしてつねに変化に関心を払うことが大切です。でもそれは、ひとりではなかなかできないことかもしれません。

農業の場合、ときに教え合い、また競い合う地域の仲間が欠かせません。大家業の場合はどうでしょうか。

やはりそのような存在が必要かもしれません。そのような役割を果たすことのできる存在が、信頼のできる管理会社なのかもしれません。そうした仲間があってこそ、知恵も工夫も生きてくるのではないでしょうか。

先祖伝来の土地と大家業

土地は先祖伝来のものという考え方があります。農業、林業など、土地を生産のための手段として古くから活用してきた家に顕著な考え方で、今でも旧家と呼ばれる家であればあるほど、その考え方は残っていると思います。

大家業の経営者のなかにも、そうした古くからの土地を活用して手がけている方は少なくないでしょう。

でも、大家業をビジネスとして考えた場合、それが足かせになることもあります。

農業を経営する場合も土地の使い方はさまざまです。水利のよいところでは田に水を張り米を、よくないところは畑として野菜を植える。よい出荷先にめぐまれればハウスで花を植える。土地自体がやせているところなら、蕎麦や芋といった具合に土地に合わせた工夫が必要です。

大家業も同じようなところがあります。

駅から近くて交通の便がよいところなら、アパートなどの集合住宅を建て、やや離れたところなら家族向けの一戸建てを建てる。にぎやかなところなら商業施設向け、逆に便が悪くともまとまった敷地があれば工場などの需要があるといった具合です。

このように、土地に合わせた活用法が必要になってきます。

さて、先祖伝来の土地が、このような大家業に必要な活用法に合ったものなら問題はないでしょう。しかし、必ずしも利用法が見つかるとは限らないものです。

向かない土地に向かないものを建てても賃貸収入は期待できません。建設費用がかかるだけです。かといって遊ばせておくのはもったいないし、税金だけはかかってくる。

どうしたものでしょうか。

私は、そんな場合、先祖伝来の土地を守るといった考えは、すっぱり捨てることをおすすめします。

大家業はビジネスです。建設費や維持費など、投下する資本も小さなものではありません。より条件のよい土地を、より安く得て、ある程度機敏にやっていかないと利益どころか損失が生じてしまいます。

土地は通常の棚卸資産だと割り切って、処分するものは処分して、次の投資対象を探していくことが重要だと思います。

でないと、土地を遊ばせたまま相続を迎えることになり、せっかくの先祖伝来の土地も、結局手放さざるを得なくなってしまうことになるかもしれません。

考えてみれば、関東では旧家といえども、千年前から住んでいるという例はまれです。ご先祖様も、みなみな住まいも土地の使い方も時代に応じて変えてきたのでしょう。

私たちも、土地に対する考え方は、時代に応じて変えていくべきだと感じます。

大家業と法人化

会社勤めのかたわら大家業を手がけている方は少なくないと思います。大家業は、規模が大きくなれば専業という場合もありますが、ある程度までなら兼業は容易です。現在のように日常の管理は管理会社にまかせることが増えてくるとなおさらでしょう。

兼業が容易であるのは、個人経営のよさだと思います。ただ、規模が大きくなってくるとそうもいきません。

個人経営では、直接個人にわたる所得が大きくなりすぎるからです。

そこで法人化という選択肢がでてきます。法人にすれば、経営者自身もそこから給与を得るわけですから所得のコントロールが可能になります。

現物出資で会社を設立するほか、先に会社を設立して、個人の所有する不動産をそこに売却するなどの形で移す方法もあります。

どの方法がよいかは、目的により、また状況により変わってくると思います。
もっとも、法人税というものもありますから、規模によっては個人のままのほうがよい場合もあります。いずれにせよ、信頼のおける税理士さんなど、専門の方と相談して決めるのがよいでしょう。

さて法人化のメリットはもうひとつあります。それは法人には寿命がないということです。したがって遺産もなく相続もありません。
もちろん、法人を所有する権利のしるしである株式の、次代への相続というものはありますが、これは法人の所有する資産すべてを個人で継承することを考えれば、ずいぶんと楽なものです。

つまり法人化は、相続税対策としても有効ということになります。

法人を継承する場合、個人の資産を相続で継承する場合とは異なった、意識の変化も生まれてくるかもしれません。

それは、家産の継承からビジネスの継承へという変化です。それは大家業というビジネスに対する考え方の変化ももたらすことかもしれません。

不動産を買うときの目安

アパートやマンションを建てるときには、土地代や建設費用が、今後得られるであろう収益に見合ったものかどうかを判断して、建設に踏み切ります。これは既存の賃貸物件を購入する場合も同じことで、それなりの判断の目安というものがあります。

まず物件の価格は、土地の値段と建物の古さに応じた残存価格によって決まります。それだけのお金を払うのに見合ったものかどうかを判断する目安は、たとえば次のような計算ではじき出します。

仮に一棟一〇室のアパートで、家賃が六万五〇〇〇円だとします。その場合、

六万五〇〇〇円×一〇室＝六五万円

これが一カ月分ですから年間では、

六五万円×一二＝七八〇万円

になります。

このアパートを七〇〇〇万円で買えるとした場合、全額融資で、金利が一〇％なら、年間の金利が七〇〇万円ということになります。加えて元本の返済が必要ですが、満室なら年間七八〇万円の売り上げがありますから、金利と合わせて一〇年で返済可能です。

ただし、これは満室を前提とした、とらぬ狸の皮算用。しかも補修費も入っていない数字ですから、このままでは採算が合うとは思えません。数パーセントかかる管理費用

も、自分の取り分も含まれていません。

ただ、返済期間が一五年なら、その分金利負担は増えますが、なんとかなりそうです。これは収益が見込めるという判断になるでしょう。

もっとも、できるだけ稼働率を上げて、満室に近づけていかないといけませんが。

ちなみに、最終的に土地と建物が自分のものとして残ることは、今の計算には含まれていません。賃料と金利を含めた返済、補修費や管理費などのランニングコストが、トントンだった場合、返済後に売却すると、売却益は、そのまま利益になります。

五〇〇〇万円で売れれば五〇〇〇万円が利益ということになるのですが、だからといってその分をあてにしていると、その間の資金繰りが成り立ちませんから要注意です。

バブル期受難の大家さん

バブルのころ（一九八〇年代の終わりごろ）にアパートやマンションを建てた地主さんがたくさんいます。なにか必要があって建てた方も当然いるわけですが、当時の「金余り」現象で借り手を探すのに躍起になっていた銀行などの金融機関と建設会社がセットになってすすめた結果という場合も少なくありませんでした。

「相続税対策には借金がおすすめ」

という具合に、融資を前提にマンションの建設をすすめます。たしかに理屈はとおっているうえ、当座、自分の腹も痛まない。

「これはよい話」

と、地主さんは同意します。そのころまでは、地価は上がって当然、家賃も上がって当然という時代です。返済プランとともに示された家賃収入の見通しもまた、家賃は上がっていくという、当時の常識に基づいたもくろみでした。

結果は惨憺《さんたん》たるものでした。

バブル崩壊後の地価の下落は、さまざまな影響をおよぼしました。地価の下落は融資の根拠となる担保価値を損ない、融資自体を打ち切られ、返済を求められる結果となった例も少なくありません。

加えて、返済の根拠となっていた家賃収入は、上がるどころか下がりはじめました。これでは経営自体維持できません。

維持できなかった方は、結果的に財産を失うことになりました。

このときの問題点は、おおむね四つに整理されます。

ひとつは地価の下落が担保価値を損ない、融資を維持できなくなったこと。

もうひとつは当時の融資の利子が高く、返済困難におちいったこと。

三つめは、家賃収入が下落し、ビジネスモデルが崩壊したこと。

そして四つめは、豊富な融資を元手に耐用年数の長い鉄筋コンクリート（ＲＣ）造りの建物が好んで建てられたことです。

四番目の耐用年数の長いＲＣ建築が、なぜよくないのか、これには別に解説が必要だと思います。

減価償却に有利な建物とは

減価償却とは、税務処理の際に経費として所得から控除される項目のひとつです。数万円程度の消耗品なら、購入した年の経費として一括で認められますが、もっと大きな金額のものは、買った年に全額の控除は認められません。耐用年数に応じて、毎年少しずつ分けることになります。

建物は、当然、その対象になります。現在税務上、次のように定められています。

鉄筋コンクリート（RC）造　四七年
軽量鉄骨造　二七年

主な減価償却資産の耐用年数（建物）

構造・用途	細目	耐用年数
木造・合成樹脂造のもの	事務所用のもの	24
	店舗用・住宅用のもの	22
	飲食店用のもの	20
	旅館用・ホテル用・病院用・車庫用のもの	17
	公衆浴場用のもの	12
	工場用・倉庫用のもの（一般用）	15
木骨モルタル造のもの	事務所用のもの	22
	店舗用・住宅用のもの	20
	飲食店用のもの	19
	旅館用・ホテル用・病院用・車庫用のもの	15
	公衆浴場用のもの	11
	工場用・倉庫用のもの（一般用）	14
鉄骨鉄筋コンクリート造・鉄筋コンクリート造のもの	事務所用のもの	50
	住宅用のもの	47
	飲食店用のもの	
	延面積のうちに占める木造内装部分の面積が30%を超えるもの	34
	その他のもの	41
	旅館用・ホテル用のもの	
	延面積のうちに占める木造内装部分の面積が30%を超えるもの	31
	その他のもの	39
	店舗用・病院用のもの	39
	車庫用のもの	38
	公衆浴場用のもの	31
	工場用・倉庫用のもの（一般用）	38

主な減価償却資産の耐用年数（建築）

構造・用途	細目	耐用年数
れんが造・石造・ブロック造のもの	事務所用のもの	41
	店舗用・住宅用・飲食店用のもの	38
	旅館用・ホテル用・病院用のもの	36
	車庫用のもの	34
	公衆浴場用のもの	30
	工場用・倉庫用のもの（一般用）	34
金属造のもの	事務所用のもの	
	骨格材の肉厚が、（以下同じ。）	
	４㎜を超えるもの	38
	３㎜を超え、４㎜以下のもの	30
	３㎜以下のもの	22
	店舗用・住宅用のもの	
	４㎜を超えるもの	34
	３㎜を超え、４㎜以下のもの	27
	３㎜以下のもの	19
	飲食店用・車庫用のもの	
	４㎜を超えるもの	31
	３㎜を超え、４㎜以下のもの	25
	３㎜以下のもの	19
	旅館用・ホテル用・病院用のもの	
	４㎜を超えるもの	29
	３㎜を超え、４㎜以下のもの	24
	３㎜以下のもの	17
	公衆浴場用のもの	
	４㎜を超えるもの	27
	３㎜を超え、４㎜以下のもの	19
	３㎜以下のもの	15
	工場用・倉庫用のもの（一般用）	
	４㎜を超えるもの	31
	３㎜を超え、４㎜以下のもの	24
	３㎜以下のもの	17

主な減価償却資産の耐用年数（建築付属設備）

構造・用途	細目	耐用年数
アーケード・日よけ設備	主として金属製のもの その他のもの	15 8
店舗簡易装備		3
電気設備（照明設備を含む。）	蓄電池電源設備 その他のもの	6 15
給排水・衛生設備、ガス設備		15

この年数で、かかった費用を割ったものが、その建物の建設について認められる年間の経費となり、それが定められた耐用年数（それぞれ四七年、二七年）の間認められるわけです。

もし一億円の費用をかけて建物を建てた場合、ＲＣなら年間約二一二万七〇〇〇円の減価償却が四七年間認められ、軽量鉄骨なら年間約三七〇万円が二七年間認められるということになります。

軽量鉄骨の方が耐用年数が短期間である分、年間に認められる減価償却費は大きくなるわけです。もし、同じ金額を投じて建物を建てるなら、軽量鉄骨造のほうが、税制上圧倒的に有利な投資となります。

なお、木造の場合、軽量鉄骨造よりも減価償却が早く、建設費用も安いのですが、耐震性や防音性などの点で、借り手に好まれにくいところがあります。その点、鉄骨造の強さは阪神大震災などでも証明済みです。また、木造は古びた印象を与えるようになるのも早いものです。自分で住むのならば味が出てきたと思える柱の色も、部屋を探す人にとってはマイナスの印象を与える場合があります。木造建築には木造建築のよさがありますが、集合住宅向きとは言えないのかもかもしれません。

需要に合わせた供給のために

さて、減価償却の解説のところで例に挙げたRC造と軽量鉄骨造の建物は、建ててから二七年後、それぞれどのような状態になると予想されるでしょうか。

ここでは今から二七年前に建てた建物の現在を頭に置いて考えてみましょう。

建物そのものは古びた印象を与えるほどではないでしょうが、建てたときの流行を反映した外観です。そして間取りは、建てたときの借り手の需要に合わせたものになっているはずです。

建てたころ、四人家族が主流なら、それに合わせた２ＬＤＫ、３ＤＫ。一室あたりの広さをおさえながら部屋数を確保するために、小さな部屋が押し込まれるように並んでいるかもしれません。

でも、最近は四人家族向けの需要よりも単身者やカップルの需要が多いのです。カップルのなかには、子供が独立したあとの老夫婦も含みます。

設備や内装に目を転じると、じゅうぶん古びているでしょう。ことにキッチンや風呂場など水回りの使い勝手や清潔感は、最新の建物にはかないません。

間取りも設備も内装も、リフォームすれば相当改善されるに違いありませんが、それには一室当たり一〇〇万円以上の費用がかかるのが普通でしょう。

これは一室ごとにかかる金額ですから、部屋数が多ければ多いほど金額はかさみます。しかも、ネットで情報を得て入居先を決める人が多くなっています。部屋を探す人は、築年数で検索して五年以内、一〇年以内でないと、はじめからパスされる場合も少なくないのです。

「そんなにリフォームにかかるなら、いっそ、建て替えを」

そう考えるところですが、ＲＣは減価償却を終えるまで、まだ二〇年残っています。いっぽう、軽量鉄骨ならばちょうど減価償却を終えたところです。しかも、そもそも建築費用も安く済みます。

あなたなら、どちらを選ぶでしょうか。

私なら断然、軽量鉄骨造を選びます。費用も安く税制上も有利で借り手の需要に合わせやすいのですから。

なお、これは私が営業活動の拠点とするさいたま市─東京のベッドタウン─を標準においた考えです。有利不利は、立地による違いが大きいものです。都心部や他の地方都市となると、ＲＣ造のほうが向いている場合もあるでしょう。

建設をすすめるメーカーと大家さんは立場が違う

「もうかりますよとすすめられたから、信じて借金してマンション建てたが、全然もうからない。返済が大変で生きた心地もしない」

こんな大家さんの声を聞いたことがあります。というより、こうした声は、よく耳にします。すすめたのが誰かと問うと、たいてい建設会社やハウスメーカーです。

それはそうでしょう。彼らは建てるのが仕事の人たちですから。しかも、彼らの口にする「きっともうかります」は、決して根拠のないものではないのです。それなりの計算された根拠に基づいたもので、いい加減なものではありません。要はそのとおりにならなかったというだけで……。

そのとおりにならなかった理由はいろいろあるでしょう。経済情勢が変化した、周辺の賃貸住宅の需給関係が変化した、などなどです。

聞いてみるともともと収支計画が甘かったとも思えますが、それはしかたがないことかもしれません。なにしろ彼らは建てることを目的に勧誘しているのですから。

うまくいっているケースがないのなら詐欺的なトークですが、立地などの条件が違えば、うまくいっているケースももちろんあるわけです。

要するに、自分で判断すべきところを、立場の違う人の意見を聞いてしまったということなのです。

でも、ローンも残っています。なんとか経営を立て直さないことには、手放すことになりかねません。

そういう場合、相談する相手は選ぶ必要があります。それは、相談する相手の立場によって、返ってくる意見が異なるからです。当然、結果も異なることでしょう。

この場合、相談する相手は管理会社が適当でしょう。管理会社は、管理する物件の賃貸料のうちの数パーセントを受け取る仕組みで成り立っていますから、入居者が入ってこないことには収入になりません。とうぜん、入居者を呼び込むことと定着してもらうことに関心があります。その点、大家さんと利害は一致するのです。

銀行は貸したい、建設会社は建てたい、仲介業者は契約させたいと、いずれもそのときどきの一過性の取引が当面の目標ですが、管理会社の場合は、おつきあいがはじまってからが勝負の仕事なのです。

賃貸物件の一部を自宅にあてることのリスク

二〇〇坪に建てられたマンションが売りに出ていました。賃貸部分が八世帯あるほか、一階には家主さんの居宅が入っています。

もともとはお屋敷だったものを、建て替えのときに賃貸部分と住居をあわせたマンションとして建て直したものでした。なかなか立派な建物で、大家さんの住居部分も広くとられています。

売却の理由は、銀行ローンでまかなった建築費用の返済ができなくなったことでした。

このように、一部を自宅、一部を賃貸とする場合、賃貸部分の収入だけをあてにしてローンを組むと、部屋が埋まらず収支計画が崩れた場合は大変です。賃貸部分だけでなく住居まで手放さざるを得なくなるからです。

建てるときにはじゅうぶん見合った計画だったのでしょうが、経済情勢も周辺の住宅需要などは、年々歳々変化していきますから、このようなケースは珍しくないのです。そもそも返済するローンのなかには自宅部分の建設費用も入っています。その部分はお金を生みません。お金を生む賃貸部分の部屋数は、自宅部分があることで少なくなっていますから、賃貸マンションを単独で建てるときよりも高い稼働率、高い賃料でないとやっていけない構造です。

家賃収入を生活費に当てている場合などは、必要とされる稼働率や賃料などの経営条件は、もっと厳しくなるでしょう。

それは大家業としての経営基盤が弱く、破綻しやすいことを意味します。そして、破綻した場合、住まいごと失うことになります。

二〇〇坪もの土地があったのですから、そのうち一〇〇坪を売却して、その費用で家を建て直していたなら、ローンを組まなくても家を建て直すことくらいできたのかもしれません。もしそうしていれば、住居まで手放すことにはならなかったかもしれません。

お屋敷だったころからの庭木類とおぼしき植栽が、そこかしこに残っていましたが、長らく手入れはされていないようすで、少し荒れ果てた印象でした。手を入れるにも費用がかかるのでしょう。

こういうところも借り主がつきにくい原因のひとつなのかもしれません。悪循環と言えるでしょう。

お金を生まないものは現金で買うべし

土地や建物を買うとき、現金で買うべきか、それとも融資を受けて買うべきかは、重要なポイントです。

私は、それがお金を生まない買い物なら、たとえ安くても融資を受けるべきではないと思います。たとえば住居というものは、それ自体お金を生むものではありません。ですから、そういうものは、借金でなく、現在の収入のなかから負担して買うべきだと考えます。

借金をする以上、金利の負担があります。返せなくなるというリスクもともないます。それをヘッジするために、金融機関の側は担保をとったり、保証会社の保証を受けたりします。

生活に欠かせない家は、そもそもそんなリスクヘッジが必要な状態においておくべきものではないでしょう。

大家業での家作りに対する投資など、事業資金の場合であれば、これはお金を生むためのものですから、金利が発生しても、それ以上の利益があればよいわけです。また、リスクが生じても、事業で収益を上げるためには当然のこととも言えるでしょう。

でも住居はお金を生みません。それどころか修繕費などのランニングコストもかかります。出ていく一方なのです。

住居の場合、国の持ち家政策というものがあり、現在では特別低利な住宅ローンが提供されていますが、それでも借金で買うのは好ましいことだとは思いません。

そもそも住宅ローンの返済は、多くの場合だんだん収入が上がっていくことを前提として組まれてきています。でも、今はそのような時代でもありません。先行きは不確かです。

一流企業に勤める人が、高い給料と今後の収入増を見越して家をローンで買った場合などのリスクは、決して小さいものではありません。給与が上がらなければ、ローンは家計を圧迫します。また、なんらかの事情で退職を余儀なくされたときなどは、運よく同程度の収入の再就職先が見つからない限り、破綻してしまいます。

一流企業の中途退職者が住宅ローンで破産する例は少なくないのです。

家ですらこうなのです。ましてや仕事と関係のない自家用車その他の耐久消費財などは、借金で買うものではないでしょう。

大家業を手がけている場合、こうした家計の費用と事業資金とを、ついつい混同しがちになりますから、サラリーマンの場合よりも危険なところがあるかもしれません。

土地が違えば建物も変わる

建物は土地を選びます。たとえば、アパートやマンションなどの集合住宅は、交通の便などの利便性がよいところでないと、建ててもなかなか部屋は埋まりません。

これは借り手の身になってみるとわかることですが、学生もサラリーマンも、通勤通学の便のよいところに住みたいはずです。

駅から一五分、二〇分といったところに建てた集合住宅は、それ相応に賃料を下げたつもりでも、なかなか埋まってくれません。

ましてや駅から二キロメートル離れているとか、移動手段がバスであるといった場合は、集合住宅の建設はあきらめたほうが無難なようです。

では、そんな交通の便のあまりよくない土地では、大家業は成功しないのかというと、必ずしもそうではないのです。

駅から少し離れたところでも、たとえば一戸建てなら、まだまだ競争の余地があります。

一戸建てのような独立した住戸には、根強い人気があります。

たとえば集合住宅では、子どもの足音が近隣紛争のもとになることがありますが、一戸建てならだいじょうぶです。また、犬や猫などのペットを飼いたい人や、庭いじりが趣味の人にも一戸建ては魅力です。それに地方出身の人のなかには、一戸建てに住んで一人前と考える人もいるようです。

加えて、近年では大企業でも社宅を整理しているケースが増えていますから、借家を探す転勤族の需要も見込めます。

しかし、賃貸住宅の一戸建ては数が多いとは言えません。駅の近くとなると絶望的に少ないのが現実です。

駅から遠いうえに、周囲もいささか殺風景な土地でも、一戸建てなら需要が見込める

需給関係がそんな具合ですから、どうしても一戸建てという人にとっては、限度はあるものの少しくらい遠いことは許容範囲なのです。

また、家賃が少し高めでも、駐車場が庭に併設されているなら駐車場を別に借りなくて済むので、かえってよいと感じる人もいます。車がある場合、通勤時には奥さんが車で送っていくこともできます。買い物も車を使うとなると、住宅も郊外型のショッピングセンターがあれば、住まいが駅の近くである必要はあまりなくなってきます。

アパートやマンションとは違った層の需要が望める一戸建て賃貸住宅は、駅から遠い土地の活用法として、もっと注目されてよいと考えています。

成功大家さんの勝ちパターン

成功する大家さんは、自分の目的に合わせた「勝ちパターン」を持った人です。

こうした成功のパターンを会得した人は、なにかほかのビジネスを同時に手がけている場合が多いように感じます。別のビジネスで得た勘のようなものを、大家業にも応用しているのでしょう。ビジネスでの成功のパターンは、経験でしかつかめないところがありますが、その経験は、必ずしも大家業の経験である必要はないようです。

私の会社の顧客のなかで、成功している大家さんとして思い浮かぶ人の多くはそうした方々ですが、共通していることは、借り手のニーズを的確につかんでいるということです。

この場合の借り手のニーズとは、具体的には、玄関やトイレは広め、クローゼットの収納力が大きいなど、独身者向けでもゆったりした物件は借り手がつきやすいといったことなどです。

同じ床面積の建物でも、ひと部屋でも多く確保しようときゅうくつな部屋をたくさん作る大家さんもいれば、ニーズに合わせた魅力的な部屋を心がけ、そのために部屋数が少し減ってもそれはそれという大家さんもいます。

どちらが成功するかは、時代によります。一方的な貸し手市場だった昔なら、前者に軍配があがるかもしれません。でも、借り手市場の現在では、後者が勝ちパターンです。たくさん部屋を押し込んでみても、部屋が埋まらなければお金にはなりません。そんなことになるくらいなら、ゆったりした魅力的な部屋を作ったほうがよいでしょう。そういう「友だちをつれてきたくなる部屋」なら借り手がつきやすく、居心地がよいので定着率も高いのです。

また、画一的でなく強い特徴のある部屋も借り手がつきやすいものです。クローゼットを大幅に増やした部屋などは、二〇代後半から三〇代の独身女性には大変人気があります。その分、居住スペースは狭くなっているのですが、それは気にならないようです。むしろ「この部屋に住みたい」という強いインパクトを与えることで、競争相手であるほかの住宅の存在をかすませてしまう。そういう効果があるわけです。

作り付けのシューズボックス、広い窓など、ひと目見たら忘れられない特徴を備えた部屋。こうした部屋は、その特徴がその時代の借り手のニーズに合っていれば、必ず成功をもたらしてくれます。

その発想を身につけた人が成功大家さんであるとも言えるでしょう。

第４章

気になる税と融資の話
相続税と所得税のコツ

大家さんにとっての相続税

相続税対策はかなり以前から、いろいろな方法が行われてきています。ただし、非課税枠が設定されているため、もともと国民全体からすると、実際に納税が必要な人は、そう大きな割合を占めていたわけではありませんでした。しかし、その非課税枠が二〇一五（平成二七）年から引き下げられ、対象となる人が増え、話題にする人が増えました。

もっとも、大家業にとっては、土地や建物などの資産は事業活動の源ですから、それなりの評価額となります。したがって大家さんの多くは、もともと課税の対象となる人だと考えたほうがよいでしょう。

加えて、相続税の納税のために土地や建物などの資産を処分していたのでは、相続終了後に大家さんという事業を継承することができなくなってしまいます。あるいはできたとしても、その事業の規模は、うんと小さなものになってしまうでしょう。大家さんにとって相続税対策が必須ともいえるのは、そのためです。

農家では、相続の際に兄弟均等に農地を相続させると、経営規模が小さくなり、いずれ立ちゆかなくなります。それを「田分け」と呼びます。そのため、兄弟を養子に出す、農業を継がない者には家作を分けるなど、さまざまな方法で農地を分けることを避けてきました。

農地の場合、農業を継承する場合には相続税が猶予される制度があるため、「田分け」の心配さえしていれば、そのまま営農を続ける場合には、税の心配はあまりしなくても済みます。

でも、大家さんは違います。兄弟で土地や不動産などの事業のための資産を分けずに、ほかの資産を分けた場合でも、相続税の課税を正面から受ければ、納税のために土地や建物を売却せざるをえなくなります。

人間は生きています。ある日、生を受け、そしていずれ去ります。そういう運命にある以上、相続の日はやってきます。

相続の日が、事業の清算の日とならないためには、事前の準備がどうしても必要なのです。

共有という落としどころがもつ落とし穴

相続をめぐる争いは、相続する額の大小に関わらず、深刻なものに発展することが少なくありません。

「あの兄弟は、あんなに仲が悪かったのか」

はたから見るとそのように思えるでしょう。でも、そのような見方は、まだやさしいほうです。このくらいのことは言われてしまうものでしょう。

「お金のことになると醜いものだね」

ですから、そうならないために、事前に話し合っておく必要があります。その際、弁護士さんに話し合いに入っていただくのも方法のひとつだと思います。

遺言書があっても、遺留分がありますから、不服な相続人との間でトラブルが生じる余地はあります。

そのようなことを防ぐためには、事前に相続人全員が納得する相続のプランを立て、同意を得ておくのが理想です。

その話し合いの時点で、弁護士さんに話し合いに入っていただくわけです。すでにもめはじめてから入ってもらうより、もめないための配分、対策を練る段階から入っていただいたほうが合理的です。

そして、その話し合いの結果を尊重すれば、いざ相続実行の際には、波風たつ心配なく、心安らかに故人の遺徳をしのぶことができます。

一方、実際に相続がはじまってから話し合っていたのでは、時間の余裕も心の余裕もなく、まとまる話もまとまらずにこじれてしまうことも少なくありません。

兄弟げんかは、こじれると大ごとです。相続が一応決着してからも顔も合わせないといったことも起きてきます。兄弟の間はそれでもいいかもしれませんが、それぞれに子があれば複雑です。

たとえば、老父が世を去り、母が残され、その子である兄弟が相続で争い、顔も合わせなくなったとします。母が兄と同居している場合、弟はその家に顔を見せません。これは母にとっては、弟の子である孫たちと会う機会を奪われることを意味します。これは孫たちにとっても不幸なことです。

こうした深刻な事態は避けねばなりません。

そこでいったんもめはじめると、不動産などのように等分しにくいものは、苦肉の策として「兄弟共有」で決着などという例も出てきます。

実はこれが曲者なのです。

はじめはそれでも支障はないでしょうが、時が経ち、建て替えの必要が生じたときなど、全員の同意がなくては取り壊すことすらできません。

また、売却の場合も、反対者がいれば全員の持ち分を移転させることはできません。

それでも見知った兄弟どうしの間なら、話し合いの余地もあるでしょう。しかし歳月が経てば、所有権は、やがてそれぞれの子の世代に移っていきます。

いとこ同士は兄弟よりも疎遠ですし、遠方に住んでいて、顔も知らない場合もあります。ひとりの持ち分だけが見ず知らずの人に転売されてしまった場合など、考えるだけでもやっかいです。

その場をおさめるために、共有という玉虫色の選択をすると、のちのち苦しめられることもあるのです。

共有を避ける配分法

相続税の対策も、戦前の旧民法の下でのように、基本的に長男が家督を継いで家長となるといった形なら簡単なのですが、今は平等に分けるのが原則です。

財産のすべてが現金であるなら、法定どおりに分ければよいのでしょうが、受け継ぐ財産には、分けられないものも少なくありません。

その筆頭が不動産でしょう。一軒の家を兄弟三人で相続する場合、長男が土地、次男が母屋、三男が離れというわけにはいきません。

家のほかに家作が二軒なら、まだわかりやすいのですが、その価値がまちまちなら、価値の低いほうを受け継ぐ側は納得がいかないでしょう。

均分に相続するというのは、どうやっても難しいものです。

私の場合、家と大家業を営むための不動産は、基本的に私が継承し、兄弟には現金で渡す形にしました。

その場合、私が継承する賃貸用の不動産には金融機関から受けた融資の返済がセットになっており、見た目ほどの金額ではありません。

また、兄弟への現金は、贈与税が生じない程度の額に分割して、数年かかって渡す形をとっています。

これで各人納得してもらい、遺言書もそろえてあります。遺言書があっても遺留分の請求はできるのですが、私のところでは、相続時点でそうした異論を発しないことで同意を取りつけています。

なお、贈与の形をとる場合、本人に実際にお金が渡っていないと、贈与されたとみなされないことがあるそうです。

これは聞いた話なのですが、ある父親が相続する子供たちのために人数分の通帳をつくり、そこに贈与する分のお金を移したそうです。

その人は、お金が子供たち名義になっているのですから、当然、そこで贈与が成立したものと考え、それを自分の金庫にしまいました。そして、その後は出し入れもなく手つかずの状態が続きました。

年を経て、その父親は亡くなり、相続がはじまります。すでに贈与で名義が変わっているから解決したものと思っていた子供たちは、税務署側からこんな言葉を聞かされることになります。

「この通帳は、名義は変わっていますが、被相続人の金庫に入っていた以上、まだ被相続人の所有です。これは相続の対象になります」

贈与という形をとるなら、実際に子供たちに渡しておかなければならなかったわけです。

相続税対策の基本

私の場合、相続税対策としてまず行ったことは、金融機関から融資を受けて不動産を購入することでした。購入した不動産の内訳は、横浜の区分所有のテナントビル、日暮里の一〇数階建てのビル、さらに地元に近い中浦和の土地などでした。土地の場合、あらためて賃貸用の建物を建てました。


土地の価格の評価には、おもに三とおりがあります。

ひとつは固定資産税評価額。

もうひとつはいわゆる路線価（相続税路線価）。

それに実勢価格です。


それぞれ目的が異なるため、その額は一致しません。

そこでたとえば五億円の融資を受けて実勢価格五億円の物件を購入します。その物件の路線価は三億円だったとします。三億円の価値をもとに相続税が算定されるわけですが、五億円もの負債が存在するため、これは打ち消されます。

もっとも、融資を受けた分は返済が必要ですし、金利も発生します。また、不動産を所有するわけですから固定資産税が毎年発生します。加えて、取得時には不動産取得税も支払う必要があります。
これらの支払いのためには、その物件が、きちんと利益を生んでいかないと、年々歳々、時々刻々と損害が発生してしまいます。

そこでなるべく空き室を生じないように、貸し出していく必要があるわけです。借り手をきちんとキャッチしていくためには、リフォームなども必要ですし、その費用もまたコストとして吸収していける、適正な価格で貸し出していく必要があるわけです。
相続税対策であれ何であれ、不動産を購入することは、資産を増やすことです。当然、それにともなう事業の拡大を意味します。

それだけ仕事が増え、難しいことも起きてくるかもしれません。でも事業というものは一般に、拡大することで成長していきます。守りに入っていたのでは、かえって存続が難しくなるものです。大家業もまた事業である以上、攻めてこそ維持できるというものです。恐れることなく拡大して構わない、そして、それを次代に継承していくことが大切だと、私は考えます。

ただし、事業が拡大して賃貸収入が増えると、その分しっかり所得税を払うことになります。所得税の税率は、ほかの所得と合算した所得の額によって異なります。賃貸収入の存在が、所得全体にどのような影響を与えるかも考える必要があるでしょう。

債務超過では融資は受けられない

相続税対策のためには、融資を受けて物件を購入するのが基本的な方法のひとつであるとお伝えしました。

ただ、それを実際に行うためには、ひとつ条件があります。

それは事業が、会計上債務超過になっていないことです。

金融機関も融資にあたって審査を行います。そのようなケースでは、おそらく融資そのものを受けることができないでしょう。

大家業そのものが不振で、実際にそうなってしまっている場合はいたしかたないでしょう。融資はあくまでも新たな事業拡大に際してのものですから、それが難しい状態であると判断されればあきらめるしかありません。相続税対策は、ほかの方法を模索するしかありません。

でも、実際にはそこそこの利益が上がっている場合でも、そうなっている方もおいでになるかもしれません。

常日ごろ、節税に心がけるあまり、債務超過というケースもあり得るからです。

これは、相続税で活用できる対策を、日常的に使っている状態であるとも言えます。

そのため、すでに対策がとられた状態になっているとも言えるでしょう。ですから新たに相続税対策として利用することはできないのだとも言えるかもしれません。

自分と家族にとってどのような状態が、より有効であるのかを判断するためには、やはり専門家の意見を聞くことが大切です。

日ごろから信頼のおける税理士さんから助言を受けられるようにしておくとよいでしょう。

税理士さんの側も、いざ相続というときになってからでは、できる助言も限られてきます。日ごろから顧問をお願いしておけば、日常的な節税と相続税対策の双方を、うまくすりあわせた対処の方法をアドバイスしていただけると思います。

土地の価値を「正しく」判定する

相続税をおさえるには、新たな融資をおこすことで相殺する方法のほかにも、そもそ

顧問契約の効果

税理士事務所に依頼する場合、年間で顧問契約を結ぶケースと、申告の際に書類を依頼するケースとがあります。

申告書類の作成のときのみ依頼する場合は、その年に発生した所得や取引などを、可能な限り依頼者に有利な形の申告に導いていく形になります。すでに発生したものを対象とする事後の対応がすべてです。

一方、顧問契約を結んでいる場合は、月々の集計を依頼することから、その人、その会社の事情も、よく把握する立場となります。取引などを行うに際して、それが税制上どういったあつかいとなるかを含めたアドバイスを受けることができます。売買や建物を建てる際に、どのような方法を選べば、より税制上有利かどうかの判断材料を提供してもらえるわけです。

もちろん、月々の顧問料が発生しますから、その分費用的に大きくなります。費用対効果の判断が必要となるでしょう。

もの土地の評価額そのものをおさえる方法があります。

広い土地をそのまま賃貸住宅向けに利用すると、離れのついたお屋敷を建てることになります。でも、実際には数棟分に分け、それぞれに核家族向きの手ごろな家を建てて貸し出すことのほうが現実味があります。

その場合、もとの広い土地のなかには道路をつける必要がでてきますが、その分の土地は相続税の対象から除いて申告できるのです（広大地）。実務上は、道路分を約四〇％として土地は約六〇％の評価となります。

広大地に該当するか、しないかの判断は、非常に難しいものです。もし、マンションを建てる方が有利であると判定されると、六〇％で評価できなくなり、影響が大きくなります。広大地の判定に慣れた不動産鑑定士に相談しましょう。

このほかにも、小規模宅地等に対する場合など、評価額をおさえることができる制度

土地の価値を判定するのは不動産鑑定士

路線価など、土地の価値を判定する仕事は、不動産鑑定士に依頼されます。一方、この項で触れた広大地などの判定も、不動産鑑定士が鑑定を行います。

当然、鑑定には報酬が発生します。ケースにより違いますが、ひとつの評価区画で30万円くらいは必要になることが多いようです。鑑定を依頼するかどうかの判断には、そのままの場合に収める税金と、依頼した場合の報酬とのバランスを考慮する必要があります。この点は、弁護士、税理士を依頼する場合と同じことです。

また不動産鑑定士は、文字どおり鑑定のプロですが、鑑定士により、その判断のには多少の個性もあるようです。

報酬と納税のバランスも、鑑定士の個性も、どちらもよく呑み込んだ、地元の事情に強い税理士のアドバイスを受けるのがよいでしょう。

は、いろいろあります。

所得税対策

所得税の対策の基本は、結局のところ所得をいかに低くおさえるかにかかってきます。とは言っても、まさか所得を隠したり、虚偽の申告をするわけにはいきません。それは節税でなく脱税です。

では、どうしたらよいのか?

まずはアパートやマンションを経営するうえでのキャッシュフローと損益計算を見てみることにしましょう。

まず、五〇〇〇万円で建てたマンションから得る収入が、年間一〇〇〇万円であると仮定しましょう。

その収入に対する支出は、たとえば次のようなものであると考えます。

水光熱費・保険料　一四万円
融資の元本返済額　四〇〇万円
金利　五〇万円
固定資産税　六〇万円
管理会社への管理費　五〇万円

合計で五七四万円、収入との差、つまり収支は四二六万円となります。
これがこのマンションのキャッシュフローの概略です。建設費用などの取得費用は、融資の元金返済・利子の支払いとして含まれています。

次にその点を含めた損益計算を見てみましょう。

一〇〇〇万円の収入に対する、キャッシュフローのところで示した五七四万円の支出のうち、融資の元本返済は含めません。返済された分だけ負債が減っているからです。ただ、利子は含めます。ここまでで一七四万円です。そしてここに建設費用の減価償却費が加わります。

減価償却の期間を仮に二五年とすると、一年間に計上する減価償却費は二〇〇万円となります。これを他の支出（一七四万円）とともに収入から差し引くと、残りは六二六万円。

この六二六万円が所得になるわけです。

同じ税でも、相続税の場合は資産を対象とすることから、負債（借金）があれば、それに相当する額の資産は、いわば帳消しになります。でも所得税の場合には、そうはなりません。利息を除いた借金の元本返済は経費とならないわけです。そのかわり、その融資によって建物を建てる際に支払った費用の分の経費が、減価償却費という形で、一

賃貸用に建物を建てても事業用と見なされないことがある

賃貸用に建てたビルなら、事業用に建設され保有されているものとして、必要経費が認められるのが普通です。でも、そうならないケースもあります。

たとえば、９月にビルを建て、それから最初の税の申告までの間、３カ月間、まったく賃貸料収入がなかった場合など、そう見なされてしまうことがあります。当然、それは賃借人が見つからなかったせいだと、反論するわけですが、それも通らない場合もあり得ます。

賃借人が見つからなかったのだという場合、実際に賃借人を探していなければ、そのように受け取ってはもらえない場合があるのです。

そう解釈されないためには、不動産業者に依頼して広告を出すなどのアクションが必要になります。それが証拠にもなります。

定年数に分散されて経費として利益から差し引かれるわけです。

この減価償却費の額と期間は、額が大きく期間が長いだけに、アパートやマンションの経営から得る所得を計算するうえで、たいへん重要な意味を持ってきます。

税務署の相続税対策に対する対応の変化

私の父が、はじめは相続税対策にはあまり乗り気でなかったことはすでに記したとおりです。

これは、第一に父の昔気質の正直さのせいだと思います。でも、その後いろいろ勉強してみると、それればかりではないかもしれないなと思うようになりました。

相続からさかのぼって三年以内に行われた対策などは、税務署に認めてもらえません。

これでは周到に準備したつもりでも、三年間は健在でいてもらわないと対策そのものが意味をなさなくなります。差し迫ってから、いわば駆け込みで行った相続税対策などは、もちろん意味がありません。意味のないことに頭を使うのは愚の骨頂です。

「あと三年は生きている必要がある」だの、「その間に死ねばすべて終わり」だのは、当人にとっても家族にとってもずいぶん生々しいことがらです。正直、どちらにとっても愉快なことではありません。

そんな余計なことを考えながら準備しても水泡に帰すかもしれないのなら、すなおに受け入れたほうがいいに決まっています。

父の考えは昔気質の正直さというだけでなく、実利の点でも合理的な判断でもあったのです。

考えてみれば、父はすでに祖父からの相続を経験済みでした。そのときの経験も反映されていたのだと思います。

ただ、現在では税の制度も税務署の運用も変わってきています。

相続が行われる以前にとられた対策なら、認めてもらえます。相続税対策は、現在ならじゅうぶんに練る価値があると思います。

税理士をさがすコツ

税理士さんにお願いしたいんだけれど、誰に頼んでいいのかわからない。これは、よく耳にする言葉です。

電話帳をめくっても、インターネットで検索しても、税理士事務所は見つかります。ただ、それぞれ得手不得手もありますから、やはり適切な事務所、自分にふさわしい税理士に依頼する必要があると言えるでしょう。

ホームページを見比べるのもいいのですが、もっとも安心できる方法は、やはり誰かに紹介していただくことでしょう。大家さんの場合、取引先の銀行や不動産会社などからの紹介というケースが多いようです。いずれの場合も、仕事柄、不動産に詳しい税理士さんをご存知です。

また、引き受ける税理士事務所の側も、「あの人の紹介なら頑張らないと」といった、メンタルな面でも活力がわくでしょう。もちろん、そうでない場合は活力がわかないわけではありませんが。

税理士事務所にお願いしたときの料金目安

■法人・個人事業顧問

年間収入	報酬（円）	消費税（円）	合計（円）
1,000 万円未満	20,000	1,600	21,600
2,000 万円未満	25,000	2,000	27,000
3,000 万円未満	30,000	2,400	32,400
5,000 万円未満	40,000	3,200	43,200
5,000 万円以上	50,000	4,000	54,000
1 億円以上	別途お見積もり		

■年末調整報酬

	報酬（円）	消費税（円）	合計（円）
基本報酬	30,000	2,400	32,400
加算報酬 6 人以上に 1 人につき	2,500	200	2,700

■申告書作成・提出報酬

【法人・個人事業】

年間収入	報酬（円）	消費税（円）	合計（円）
1,000 万円未満	50,000	4,000	54,000
2,000 万円未満	100,000	8,000	108,000
3,000 万円未満	150,000	12,000	162,000
5,000 万円未満	200,000	16,000	216,000
5,000 万円以上	300,000	24,000	324,000

【個人不動産事業】

年間年収	報酬（円）	消費税（円）	合計（円）
300 万円未満	50,000	4,000	54,000
700 万円未満	70,000	5,600	75,600
1,000 万円未満	100,000	8,000	108,000
1,500 万円未満	125,000	10,000	135,000
2,000 万円未満	150,000	12,000	162,000
3,000 万円未満	200,000	16,000	216,000
5,000 万円未満	250,000	20,000	270,000
7,000 万円未満	300,000	24,000	324,000
9,000 万円未満	350,000	28,000	378,000
9,000 万円以上	400,000	32,000	432,000

【個人譲渡所得】…不動産・株式等

年間収入	報酬（円）	消費税（円）	合計（円）
2,000 万円未満	60,000	4,800	64,800
3,000 万円未満	80,000	6,400	86,400
5,000 万円未満	100,000	8,000	108,000
1 億円未満	150,000	12,000	162,000
3 億円未満	300,000	24,000	324,000
5 億円未満	400,000	32,000	432,000
5 億円以上	500,000	40,000	540,000

【贈与税】

内容	報酬（円）	消費税（円）	合計（円）
現預金・建物・上場株	20,000	1,600	21,600
相続時精算課税	50,000	4,000	54,000
2,000 万円控除	60,000	4,800	64,800
土地（路線価）	60,000	4,800	64,800
上記 2 筆以上 1 筆あたり	30,000	2,400	32,400
土地（※鑑定評価）	20,000	1,600	21,600
非上場株式	70,000	5,600	75,600

※別途、不動産鑑定士報酬が発生。

（さいたま新都心税理士法人）

第５章

成功大家さんのための管理会社の選び方

今の管理会社を診断しましょう

賃貸向けアパート・マンションなどを対象とした不動産管理会社は、比較的新しい業態です。

古くから手がけてこられた大家さんにとっては、かつては自分で行ってきた、集金や清掃といった日常業務を依頼する会社といったイメージが強いのではないでしょうか。

たしかにそれは業務の基本です。でも、それだけが管理会社の仕事ではありません。さまざまなアドバイスや企画提案、トラブル処理など、その仕事は多岐にわたります。

「今依頼されている管理会社は、そんなこと全然してくれてない」

もし、そう考える大家さんがいらっしゃったら、考えられることは二つあります。

ひとつは気づかないうち、知らないうちに管理会社がさまざまなことを処理してくれている。

もうひとつは、実際に基本的なこと以外なにもしてくれていない。

もし後者なら、×。即座に別の管理会社を探したほうがいいでしょう。また、前者の場合であっても、要注意です。伝えてくれるべきことは、ちゃんと伝えてくれないことは、決してほめられたことではないからです。あくまでも△でしかないのです。

管理会社が良い管理会社であるか、悪い管理会社であるか、あるいは中くらいなのか、それを見分けるためのチェックシートを作ってみました。

このチェックシートは、大家業と管理会社、この二つを同時にこなす私が、大家さんの立場に立って考えたものです。

さあ、さっそくためしてみましょう。

今の管理会社を診断しましょう

＊今の管理会社について該当する□にチェックを入れてください。

□ 高い入居率を維持してくれている
□ 定期的に訪問をしてくれている
□ 営業活動報告がある
□ 家賃の滞納を改善してくれている
□ クレーム対応報告がある
□ クレームに対する反応が早い
□ 気持ちの良い対応をしてくれる
□ 管理費に見合う仕事をしてくれている
□ 家賃を維持してくれている
□ 日曜日、祝日も対応してくれる
□ 適切な提案をしてくれている
□ アドバイスの切り口が豊富である
□ 大家目線で考えてくれている

☑の数はいくつつきましたか？

13～11 とても良い→素晴らしい管理会社です。K'sコーポレーションが目指す管理会社の姿です。

10～8　普通→一般的な管理会社で可もなく不可もありません。

7～5　不安→管理会社変更を視野に入れましょう。

4～0　問題外→今すぐ管理会社を見直した方がよさそうです。

管理会社採点の目安

ここで、チェックシートの内容について簡単に解説していきたいと思います。

まず、入居率については、いちばんかんじんな点です。いわばゴールで、これが維持できるかということは、これ以降の項目がクリアされているかの結果でもあります。

次の定期的な訪問の有無は、人の心にかかわる問題でもあります。仲介と管理を兼ねている会社の場合など、管理会社の担当者も人間ですから、部屋がなかなか埋まらないときなどは、なかなか姿を見せなくなることがあるものです。見たくない、考えたくない、合わせる顔がない、そんなときは、ついつい足が遠のくのが人情というものでしょう。でも、それはなんの解決ももたらしません。

営業活動報告は、最低限必要な情報をきちんともたらしてくれているかということです。これは次項で詳しく解説します。

家賃の滞納は、入居率と並んで大事な項目です。これが解消されないことには事業としての大家業は成立しません。

クレーム対応報告があるかどうかは、やはり情報がきちんともたらされているかということです。知らないうちに話が大きくなってしまったのでは、手の打ちようがありません。これについてもあとの項目で解説します。

クレームに対する反応の早さ、管理会社の判断力、機動性をが問われる部分です。

気持ちの良い応対をしてくれるかどうか、これは会社としてしっかりしているところなら問題はないはずの、ごく基本的なことがらです。

管理費に見合う仕事をしてくれているかどうかは、仕事を依頼されている大家さんご自身が、率直に感じたことをチェックする項目です。管理会社への評価そのものと言えます。

家賃を維持してくれている。家賃というものは、いちど下げると容易に元に戻すことができません。しかし、入居者が見つからないときなど、安易に下げることをすすめてくる管理会社もあるでしょう。でも、ほかの方法で補うことができるなら、できるだけほかの方法をとるべきなのです。

日曜日、祝日も対応してくれる。管理会社は、それでないと務まりません。

適切な提案をしてくれる。適切な提案は、冷静な観察に基づいたうえでなされるものです。ていねいな管理と、適切な判断のあかしだとも言えます。

アドバイスの切り口が豊富であること。これは、その会社がもつノウハウの蓄積があってはじめてできることです。また、切り口が豊富でないと、大家さんには選択の余地がなくなってしまいます。

大家目線で考えてくれているか。これは私の会社がつねに掲げる目標でもあります。この点が納得のいく管理会社なら、これまでの項目の多くは、きっとクリアされていることでしょう。

営業活動報告の役割

ひとくちに営業活動報告と言っても、管理会社によってさまざまでしょう。個人商店のように小さな会社で、仲介と管理を兼ねている場合など、取り立てて書面にはせず、訪問時に口頭で済ますといった場合もあるかと思います。電話という場合もあるでしょう。

内容が適切なら、必ずしも書面である必要はないかもしれません。まず大切なのは、営業活動報告が「ある」ことですから。

その内容は、今週の物件に対する問い合わせは何件あったか、内覧は何回あったか、というようなものが必要です。ないならないで、そういう報告が必要です。そのようなことが続くなら、なにか手を打たねばなりませんから。

こうした報告がないと、大家さんの側では疑心暗鬼が生じます。
「なにもしてもらってないのじゃないか」といった具合です。

人間とは、お互いにそのような不安のなかで生きているものです。しかも、空き部屋を抱えている場合などは、お金は出ていく一方で、一円も入ってこない状態なのですから、心はあせります。あせるのが当然なのです。

そんなときになんの報告もなければ、信頼関係に影響するでしょう。音沙汰ないのは最悪なのです。

君子危うきに近寄らずというのは、管理会社の担当者にはあてはまりません。大家さんは危うき者ではありません。でも、それも連絡さえ入ればの話なのです。君子を気取っている間に心が離れてしまうかもしれません。

なお、部屋が埋まっている場合でも、営業報告は重要です。

その内容が、いつも同じものであれば、担当者はただ漫然と仕事をこなしているだけで、なにも考えてくれていない人かもしれません。

反対に、そのときどきに起きたことを簡潔に、的確に報告してくれる人なら、気になるところをきちんと考えてくれている証拠でしょう。

クレーム対応のもつ意味

ひとくちにクレームといっても、その内容はさまざまです。

給湯機の故障やドアの不具合など、アパート・マンションなどの施設・設備に関するものなら、日曜・休日、場合によっては夜間であっても即対応できるような素早さが必要でしょう。

こうした際に対応が遅いと信用問題です。

こうしたハード面でのクレームのほかに、物音などの近隣トラブルに関するクレームもあります。こちらのほうは、簡単な解決策が出てこない場合もあり、その対応は難しいところがあります。
もっとも、解決が難しいからといって放置しておくと、どんどん話が大きくなり、借り手は恨みの言葉を残して退去していくことにもなりかねません。また、犯罪のきっかけになることすらあるので要注意です。

まず、きちんと話を聞いて対応することが求められます。「なにもしてくれない」と思われたらおしまいですから、管理会社の技量がためされる局面でもあります。また、相手に安易にクレーマーとレッテルを貼るような対応をとれば、クレームの対象は、管理会社、そして果ては大家さんに向かうでしょう。

初動で機敏な対応がとれる管理会社なら、その存在は貴重です。

ところで、借り手のなかにも、こうしたトラブルの芽をもった人と、そうでない人がいるのをご存知でしょうか。

入居の段階で、賃料が高いか安いか、駅から近いか遠いかといった条件だけを考えて入居する人がいます。その一方で、その部屋なり建物なりのなにかが気に入って、それを求めて入居してくる人もいます。

求めるものは、間取りでも、窓の多さでもよいのですが、それが気に入って入居する人は、その部屋が気に入っているせいでしょうか、あまり不満をもらさない傾向があるようです。こういうことを言ってはいけないのかもしれませんが、客観的に見て、不都合と思えるようなことがあっても、ある程度までは気にせずに住み続けてくれるようなのです。

対して、前記のような条件で部屋を選んだ人はドライです。要求があればどんどん言ってきますし、近隣への苦情も容赦がないようです。

人間ですからいちがいに言えないのですが、そのような傾向があるように感じます。

大家さんも管理会社も、可能な限りドライな人にも苦情が出ないように対応を心がける必要があります。

でも願わくば、借り手も貸し手も、人を許せる人でありたい、あってほしいものです。

名人に頼らないシステムがある会社がおすすめ

管理の仕事は、ほかの多くの仕事がそうであるように、経験や知識がものを言う仕事です。ですから担当者によって対応にムラがでてしまうことはあり得ます。

そうなると、依頼する大家さんとしては、なるべくなら優秀な人に担当してほしいと考えると思います。

そうした要望に対応すべく、いつでも機敏に対応できる、そしてその判断はいつも的確、そんな人ばかりの集団であることを管理会社の側でも心がけているはずです。

しかし、なかなかそうもいかないというのも現実なのです。

そこで必要になってくるのが、もっとも適切な対応をとるためのマニュアルです。

何時間おき、何日おきに巡回する。そのときの確認点。何週おきに依頼者に連絡する。そのときの報告点。そして何か起きたときにとるべき対応と、その手順。

こうしたことがしっかり記載されたマニュアルと、それを実行するシステムがあれば、全員が仕事の名人である必要はありません。

管理会社を選ぶ場合のポイントとしては、名人が在籍しているというよりも、それ以上にきちんとした対応がとれるシステムがあるかどうかのほうが重要であると思います。

きちんとしたシステムの下でなら、普通の人も名人に準じた存在となれるからです。

逆に名人が在籍しているが、システムが整っていない会社の場合、たまたまその名人が担当した大家さんはよいのですが、それはあくまでもそのときの幸運に過ぎません。名人が担当を外れた場合、どうなるかわからないからです。

飲食店などでは、同じ値段で、同じ味、同じ分量のものを誰に対しても出すということが運営の基本です。

同じことは管理会社にも言えることでしょう。その業務が、きちんとシステム化された会社こそが、安心してまかせられる管理会社なのです。

大家目線であるということ

大家目線で考えてくれる。これは、メンタルな部分で心配してくれるといった意味合いもなくはないのですが、これを実行に移すには、もっとはっきりとした条件を満たす必要があります。

それは大家さんと利害が一致する存在であるということです。

管理会社は、おおむね家賃の五～一〇％程度を管理費用として受け取ることで成り立っています。したがって空き室が出れば、その部屋の分は、大家さん同様、ゼロになります。

つねに部屋が埋まっていないと利益が出ないという意味で、大家さんと管理会社は、まったく利害が一致する存在なのです。

ただし同じ管理会社でも、仲介を兼ねているケースは違っています。こちらは前に記したとおり、仲介手数料中心で考えるケースが多いからです。仲介手数料中心で考えた場合、部屋を満室に保つことより、契約を達成すること自体が第一の目標となります。しかもその契約は、貸し手と借り手の双方が、自社を介したものである必要があります。

契約が成立すれば管理をお願いし、それによって費用も発生するのですから、一見利害は一致するように見えますが、必ずしもそうではないのです。極端な場合、同じ部屋で年に二回契約にこぎつければ、仲介業者は二回分の利益を手にします。それは管理を受けた場合の数十カ月分に相当するものです。

しかし、仮にその最初の契約が三月で、三カ月後の六月に入居者が転居し、次の契約がまとまって入居したのが十月なら、大家さんのところに入る賃料は、最大で六カ月分です。礼金を一カ月分ずつ受け取ったとしても八カ月分です。しかもそのなかから清掃費用なども出ていきます。これなら同じ人に一月から十二月までいてもらったほうがうんとよいのです。

したがって、仲介を兼ねた管理会社と大家さんでは、利害関係は一致しないのです。ほかの業者に手数料を渡すくらいならと、物件を「抱え込んで」しまうといったことも、こうした利害の不一致から生じるものです。

サブリースの業者の場合も利害は一致しません。サブリースの場合、大家さんから一括で借りたものを借り主に貸すわけですから、つまるところいかに安く借りて高く貸すかが事業者としての腕の見せどころです。そうであってこそ利益が上がる仕組みです。

このように利害の一致しない間では、本当に同じ目線でものを考えることはできません。それは担当者がどんなに親身になってくれる人であっても、同じことなのです。

よい管理会社を選ぶことは、専業の管理会社、仲介を兼ねていない管理会社を選ぶこと、そしてそのなかからよりよい業者を選ぶことだと言えるでしょう。

第６章

入居率98.5%！
すべての悩みが解決

成功大家さんを実現する理念とサービス

この章では、これまでも何度かふれてきた私の経営する管理会社、K'sコーポレーションの業務をご紹介いたします。

この会社は、これまで私がのべてきたことを体現する会社です。

その基本理念は、ズバリ、「成功大家さん」実現させることにあります。

他人の成功を実現することが基本理念だというと、きれいごとだと考える方もおいでになるかもしれません。でもそれは間違いです。

前の章の最後でもふれたとおり、私たち専業の管理会社の利害は、お客様である大家さんと一致するのですから。逆に言うと、私どもがお取引を願う大家さんたちが、全員

「成功大家さん」になってくれれば、私どものビジネスも大繁盛。そうならない場合には、私どもも……そういう仕組みなのです。

ですからお取引いただく大家さん全員に「成功大家さん」になっていただくために、K'sコーポレーションでは、ふたつの目標を掲げています。

ひとつ目は、大家さんが困っていることを解決すること。

もうひとつは、入居率のアップです。

そのために、次の三つのサービスを提供しています。

1　入居率アップコンサルティング
（フルオープンの流通システムと物件情報、物件の改善提案）

2　長期経営コンサルティング
（成功の要点、相続、借地権の整理）
3　日常管理業務
（業務報告、クレーム対応、定期訪問）
※このほかに実費負担で敷地の管理もうけたまわっています。

それぞれが具体的にどのような内容なのか、は、次項以降で解説いたします。

管理一本の業務フローとフルオープンの流通システム

私どもの会社の三つの業務内容の最初に掲げている「入居率アップコンサルティング」の要は、フルオープンの流通システムです。

このシステムを成立させる前提は、「管理一本の業務フロー」の採用にあります。

ここで言う「管理一本」とは、仲介をあつかわない、管理専業のという意味です。

従来型の「仲介と管理を同時に行う会社の業務フロー」と「管理一本の業務フロー」、その違いを見ていきましょう。

まず、仲介と管理を同時に行っている会社の場合、業務フローは次のようになります。最初に、大家さんとの間で打ち合わせを行い、それに基づいて募集図面を作成し、それを自社のインターネットサイトに掲載します。

続いて大家さんとの間でリフォームの内容を打ち合わせ、見積を取り、リフォームに取りかかります。

三〇日後までに借り手が決まらない場合、他社に情報をオープンにしてもいいのですが、ここでひと粘りして、もう三〇日間自社サイトで募集を続けます。

最初から六〇日経ったところで、ようやく他社に情報をオープンします。

仲介と管理を同時に行っている会社の事例

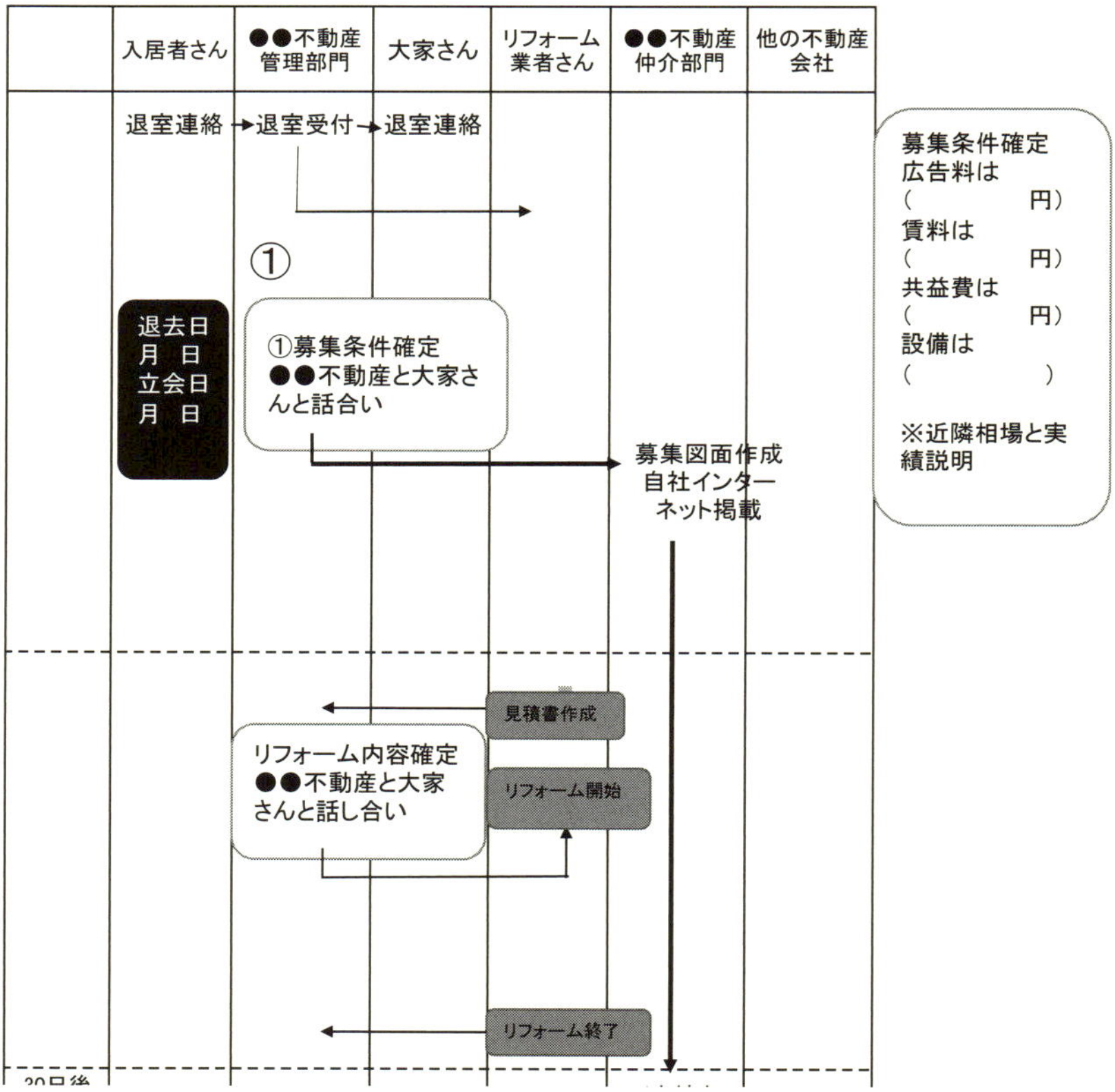

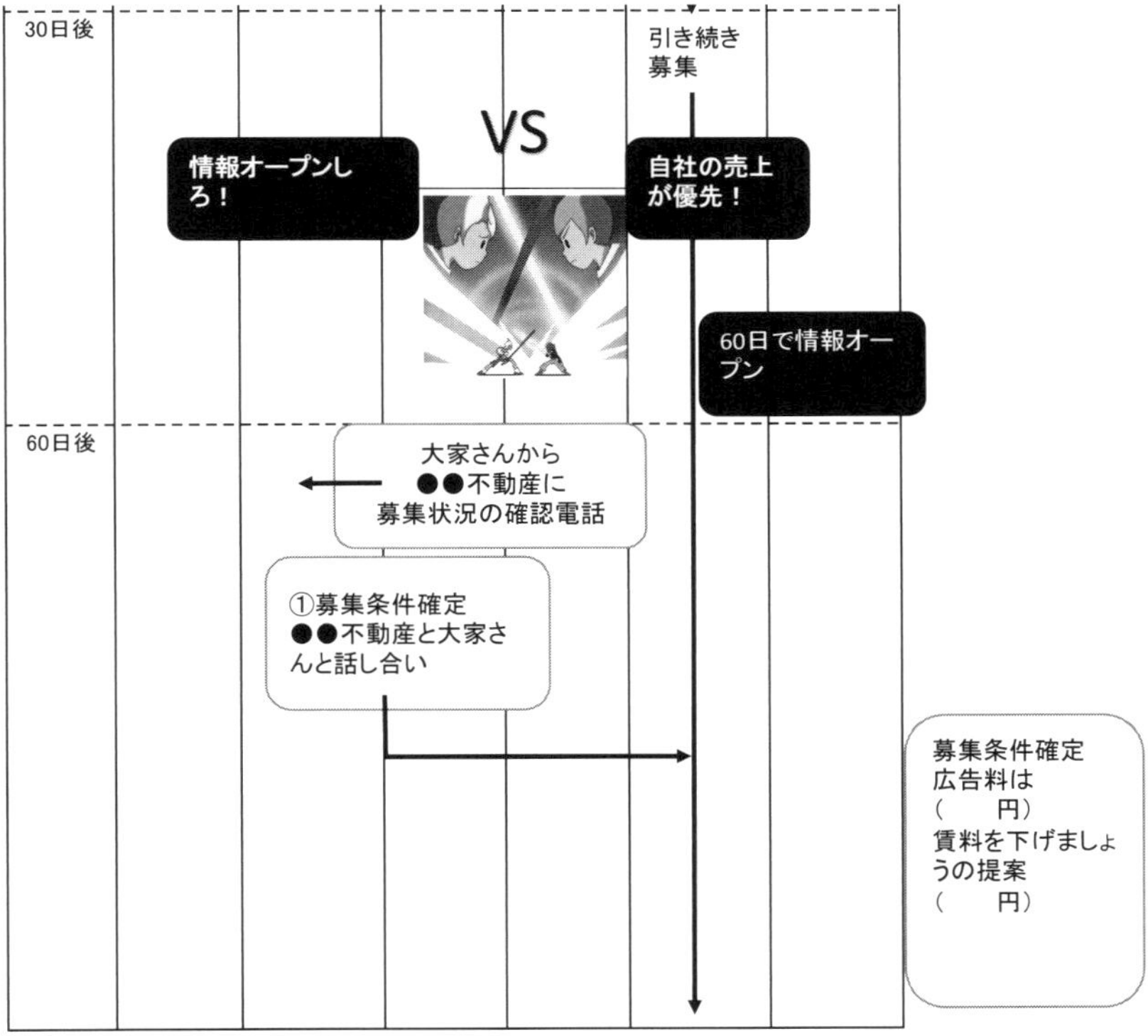
30日後
引き続き
募集
VS
情報オープンし
ろ！
自社の売上
が優先！
60日で情報オー
プン
60日後
大家さんから
●●不動産に
募集状況の確認電話
①募集条件確定
●●不動産と大家さ
んと話し合い
募集条件確定
広告料は
（　　円）
賃料を下げましょ
うの提案
（　　円）

次にK'sコーポレーションの業務フローを見ていきましょう。

大家さんとの間で打ち合わせをして募集図面を作成するところまでと、リフォームについては同じですが、そこから先は違います。

K'sコーポレーションの場合、大手の仲介業者さんにはじめから情報を開示します。そこからはじめるのです。これがフルオープンの流通システムです。

インターネットの普及で、仲介の主戦場は現在ネットに移っています。そして、地域によっても違うのですが、数社の主力業者でシェアの大半を占めると言っても過言ではないほどの寡占状態が生じています。私どもが主にあつかうさいたま市周辺の場合、実に九五％が大手五社で占めています。

この状況を、いかにうまく活用していくかがポイントになります。私どもの場合、五社すべてに情報を開示してすばやい借り手探しにつなげています。

最初から開示しているので、三〇日後も六〇日後も状況は変わりません。いや、より広く開示しているのですから、それまでの間に借り手が決まっている可能性はうんと高くなっているのです。

空き室解消のポイントは仲介業者を競わせること

前項で説明した「管理一本の業務フロー」のもとでのフルオープンの流通システムは、はじめからより広く情報を開示することで、より多くの部屋を探す方々の目に触れることを目的としています。

従来型の「仲介と管理を同時に行う会社」の場合、最初の三〇日、あるいは六〇日もの間、一社単独での借り手探しになります。

K's コーポレーションの業務フロー

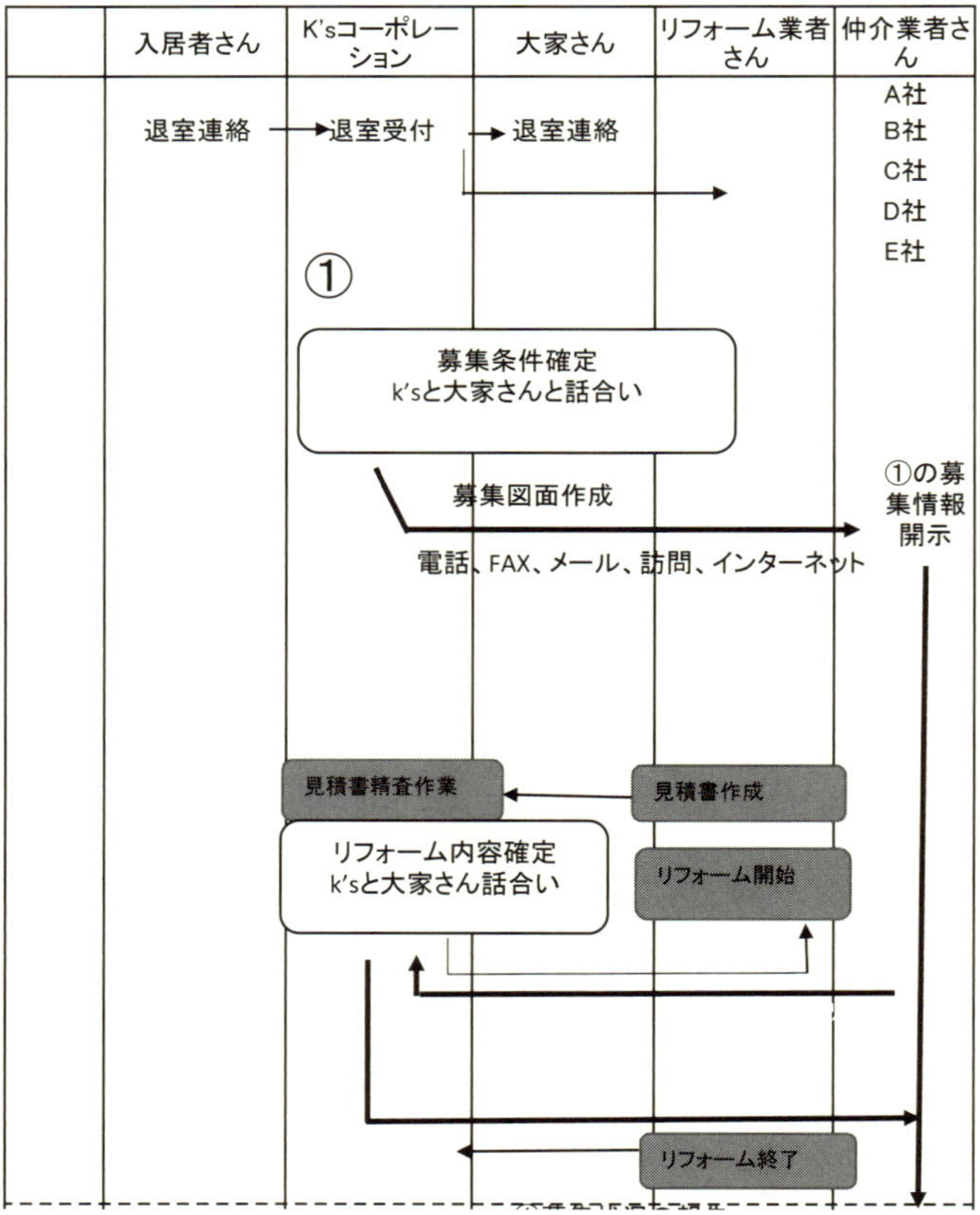

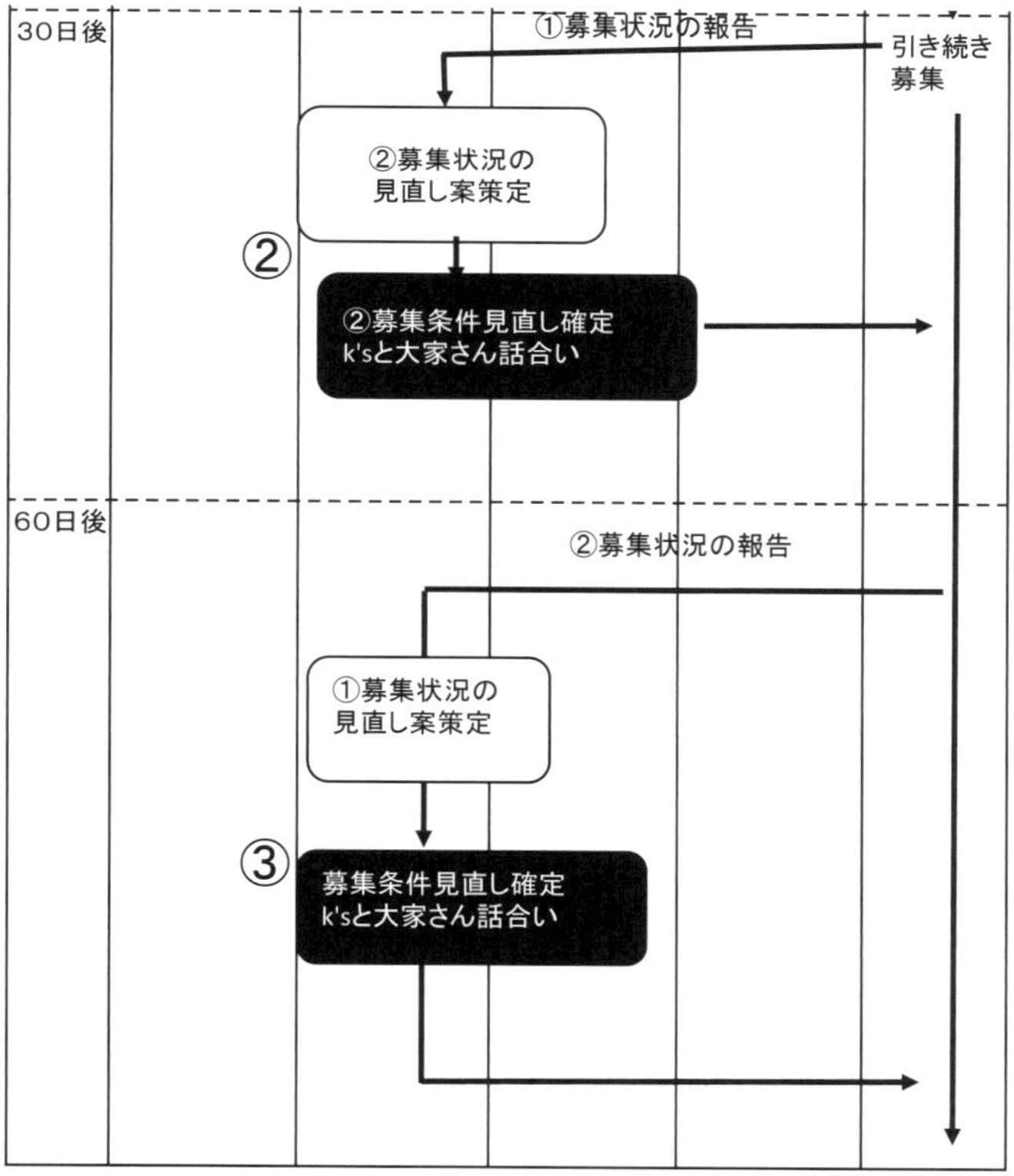
30日後
①募集状況の報告
引き続き
募集
②募集状況の
見直し案策定
②
②募集条件見直し確定
k'sと大家さん話合い
60日後
②募集状況の報告
①募集状況の
見直し案策定
③
募集条件見直し確定
k'sと大家さん話合い

あつかう不動産業者が集客力のある大手であれば、まだ救いはあるのですが、街の不動産業で今どきこんなことをしていてもらちが明かないのは目に見えています。

それでも駅の近くの新築物件など、立地や築年数などの条件のいいところなら、早いうちに見つかるかもしれません。でも、そうでない場合は悲惨です。

一方、仲介を手がける不動産業者の側は、条件のよいところから借り手が見つかっていきさえすれば、大きな利益は得られないまでも、ともかく日々の仕事はこなせている状態になります。

要するに、痛くもかゆくもないということなのです。

このような、多くの大家さんにとって不都合な状態を打破するためには、私どものようなフルオープンの流通システムを作り上げる以外、方法はないでしょう。

それは、大家さんと利害の一致する、管理一本の管理会社でないとできないことなのです。

ところで、大手五社すべてへの情報開示は、もうひとつの効果をもたらします。どの業者も自社単独で受けたいのは、一般の仲介業者と同様なので、そこに競争が生じるのです。

五社合わせるとシェアの大半を占めることになる、大手どうしに競わせるのですから、現在、これ以上の好条件はないでしょう。

適切な物件の改善提案

入居率アップコンサルティングのもうひとつの柱は、物件の改善提案です。

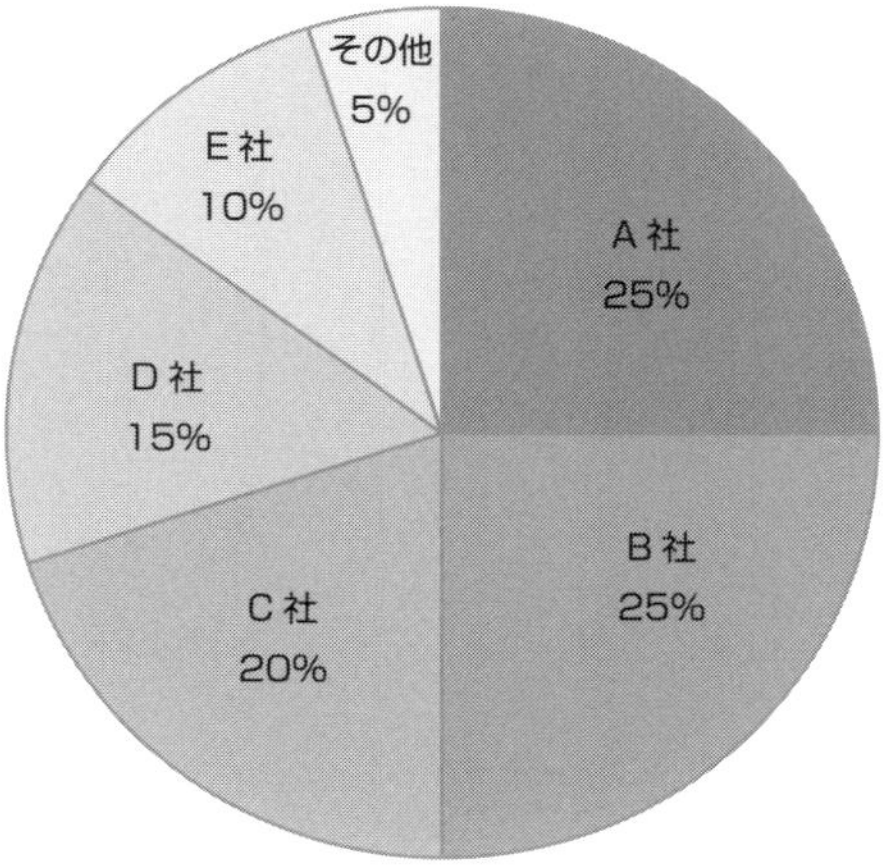

フルオープンの流通システムを導入しても、それはより多くの部屋をさがす方々の目にふれるための手段に過ぎません。入居するかどうかを最後に決めるのは、よい部屋を求める借り主の方々です。

そこで、貸し出す物件そのものが今現在のニーズに合っていることが重要になってきます。

ニーズに合わせるためには対象の絞り込みからはじめる必要があります。

アパート・マンションを借りる人の年齢や収入は、まちまちですが、どこかにターゲットを絞って、その層に合わせた部屋づくりをするわけです。

たとえば、アパートなら学生から二〇代のサラリーマン層、ワンルームから1DKのマンションなら、二〇代後半から三〇代の独身女性、2DKなら子ども一人までの夫婦といった具合に想定します。

マイナスイメージのある高圧線の鉄塔も、工夫次第でおしゃれなイメージを保つことができる

もちろん、こうしたターゲットの選定条件は、立地によっても異なりますから、画一的な答えがあるわけではありません。それぞれのアパート・マンションに合わせた「オーダーメイド」になります。

要は、ターゲットを決め、そのニーズに合わせた住居につくりかえていくことが重要なのです。成功するとおもしろいように入居者が決まることがあります。そんなときの達成感はこたえられないも

ヤシやソテツは、明るい南国風のイメージ。しかも手がかからないのが取り柄

のがあります。

ちなみに物件のリニューアルは、内装や水回りなどの施設に限りません。ときには外観も手直ししたほうがいい場合もあります。

たとえば築年数を経てくると、建物全体が、なんだか古くさく感じられてくることがあります。大規模修繕の際に色を変えるのも方法のひとつですが、もうそれは済ませているのになんとなくパッとしないという場合もあります。そんなときには入り口だけでも改装すると、だいぶ印象が変わります。内覧に来る方々には、少ない費用で強いインパクトを与えることができるわけです。

また、植栽の植え替えも費用が少なくて済む外観のリニューアルになります。

たとえば、和風庭園のような植木類は、手入れに費用も手間もかかるうえ、放っておくとすさんだ印象を与えてしまうことがあります。また、落葉樹が多いと冬はさびしい印象を与えてしまうこともあります。

こんな場合、ヤシやソテツなどの南国風の植物に植え替えると、それだけでパッと周囲に与える印象が明るくなります。しかも常緑で、ほとんど手がかからないのです。

長期経営コンサルティングとは

前項でふれた物件の改善提案は、すでにあるアパート・マンションの管理をお受けしたケースでした。こうした取り組みは、建てるときからのほうが、もっと効率的に行えるに違いありません。

二番目のサービス、長期経営コンサルティングは、こうした発想のもとで、建てる前からご相談の相手を務めさせていただくことからはじまります。

まず、そのエリアのニーズや近年の賃貸市場の動向を踏まえ、どういった物件を建てれば成功するか、入居者が得やすいか、いっしょに知恵を絞らせていただきます。

次に、建設にあたる業者の選定です。これは数社を競わせて、できるかぎり低コストで優良な建物を実現します。このときに高いコストに甘んじた場合、その分、融資の返済など、のちのちの資金計画に影響を与えることがあるからです。

こうして建てた物件は、フルオープンの流通システムで入居者を募り、年を経れば、またその時代のニーズに合わせたリニューアルを提案させていただくことで、より有効な活用を目指します。

私どもの場合、それがたとえおしゃれで現代風であっても、基本的に「管理が難しい物件」を建てることはおすすめしません。これものちのちのコスト高につながるからです。建てて間もないころは、入居者も集めやすいのですが、一般的には年を経るごとに新築の神通力は薄れていきます。

高コストのツケが、そのころになって顔を出し、経営の負担になることもあります。できるだけ低いコストで、できるだけその土地のニーズにあった、そして管理がしやすい建物を建てる。そのお手伝いが、私どもの務めと考えています。

そういう物件なら、将来、売却、あるいは相続という場合にも、買い手や受ける手が、この物件は自分がもちたいと考えるだろうと思います。

日常管理業務と新しい契約支援システム

三番目のサービス、日常管理業務は、その範囲と料金については、通常の管理会社と大きな違いはありません。違いは、取り組みの質にあると自負していますが、それは多くの専業の管理会社の場合も同じことだと思います。

ちなみに、私どもでは、オーナーさんから給料をいただいているつもりで管理にあたっています。

参考のために管理システムを図にまとめたものを掲げておきます。現在依頼されている管理会社と比べてみてください。

なお、図にはサブリース契約の場合の管理についても記載しています。これは現状の

現状の賃貸仲介関係図

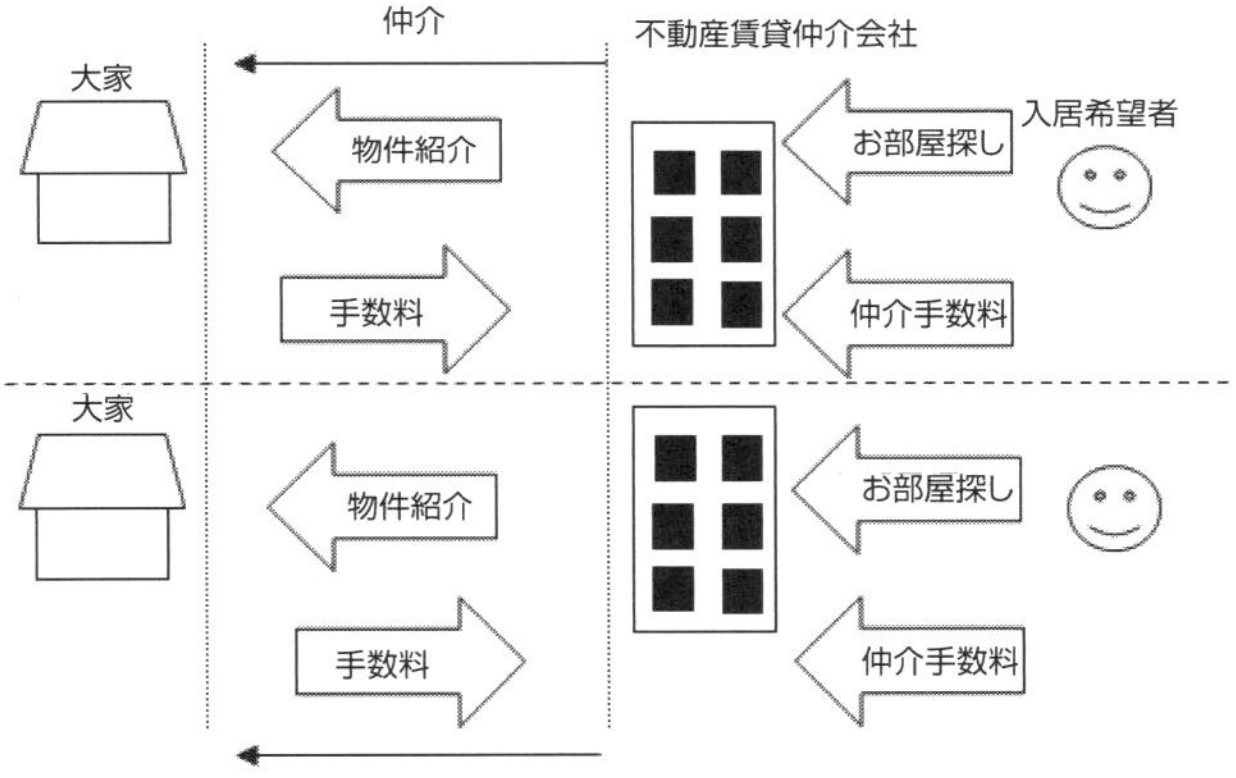

← は物件紹介ルート

ものですが、これについては新しい契約方法を検討中です。

サブリース契約の場合、一括借り上げの契約のなかに、通常の管理の内容を含みこんだ形になっています。

今考えているのは、これを分けてしまおうというものです。通常の管理の部分を分けるのですから、管理業務にかかわる管理委託料（五％）は、別途申し受ける形になります。また、部屋が埋まっ

K's コーポレーションが考える賃貸仲介関係図

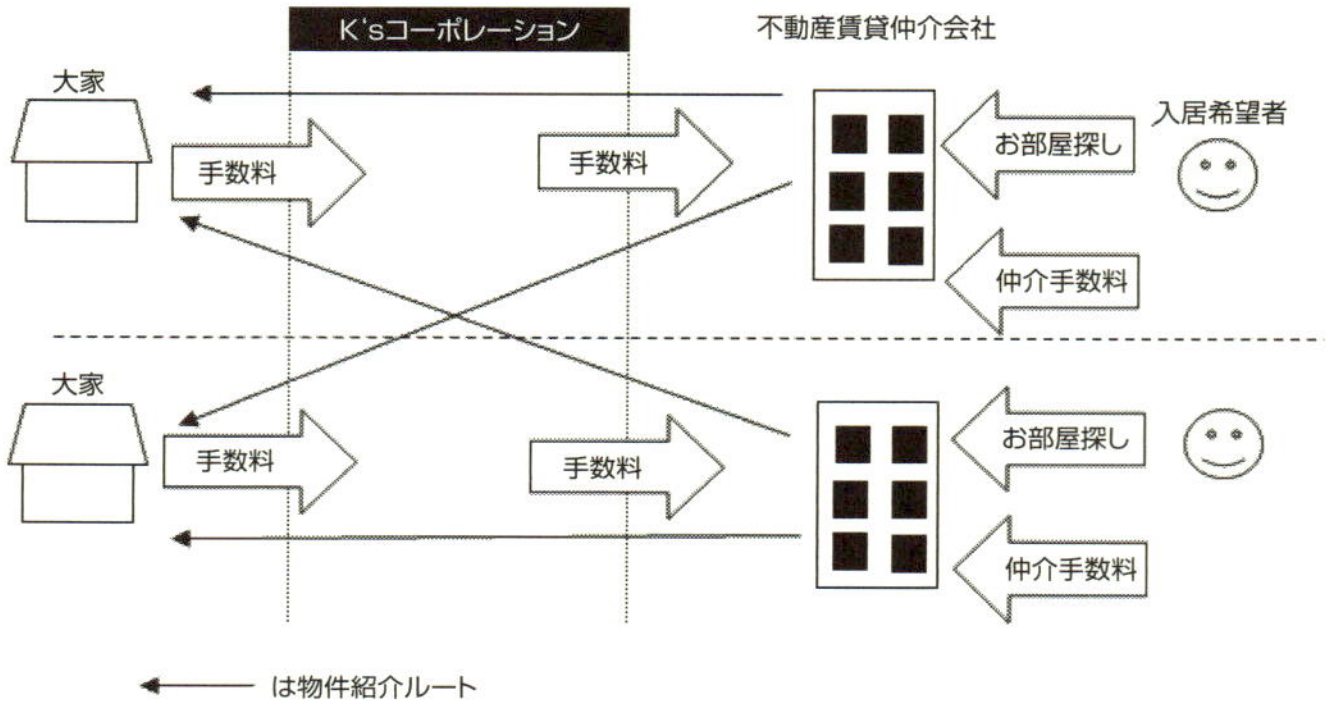

ていない場合は、この五％は当然不要となります。

そのうえで、サブリース契約の内容そのものも見直していこうと考えています。

そもそもサブリース契約は、大家さんにとっては、空き室が出ることへのリスクヘッジとして一括契約の形をとるものです。一方、サブリース業者の側も、損はしたくありませんから、大家さんに支払う料金を低くおさえることで、空き部屋のリスクをヘッジします。

こういう方法をとる限り、どうしても不透明感が残ります。

そこで、高率なサブリース契約の管理委託料から、業務管理契約の部分を取り外したうえで、残りはいったんなくしてしまいます。そのうえで別途賃貸料を設定するわけです。その額をこまめに見直していくことで、どちらかが損失を受けることを防ぐわけです。

たとえば最初の五年間は、こちらから大家さんに支払う賃貸料は据え置いたうえで、次は二年、場合によっては毎月見直していく。その際の賃貸料は、二年後の見直しなら二年先の家賃相場を想定して、毎月なら翌月の家賃相場の想定から算出する。

そのための料金算定を行う契約支援システムも開発しています。

これにより、大家さんと管理会社、双方にとって、できるだけロスのない賃貸料での契約を結ぶことができるようになるのではないかと考えています。

大家さんを輪の中心にしたチームづくり

長期経営コンサルティングには、このほか、相続や借地権の整理などの際のアドバイスも含みます。顧問の税理士、弁護士の先生を交えて適切なアドバイスを提供することができると思います。

その場合、心がけていることがあります。

それは、ご相談にあずかる私どもと弁護士さん、税理士さんといった専門知識を持つ方々が、大家さんを中心に、輪を描くようなチームを構成することです。

それぞれの知識を、それぞれの立場から出し合い、当事者として中心にいる大家さんにアドバイスする。そして最後の判断は、大家さん自身に下していただくわけです。

これは、だれかひとりの「指南役」から助言をもらった場合、どうしてもその人に引きずられたような印象が、心に残ります。でも、このように輪の中心でアドバイスを受けていただく形なら、悔いのない判断が下せるのではないでしょうか。

とくに相続問題などの場合、たとえば、法律家は法律に合わせてまとめることを心がけますが、それが当事者にとってよい結果に終わるという保証はありません。たとえば、管理する立場の私どもからみると、事業の継続上、好ましくない結果が予想される場合もあります。そんなときには輪の中心にいる大家さんに意見をお伝えします。

税務に関することでも同じことです。税理士さんは、こうすると有利だという方法をすすめてくれますが、別の立場に立って考えた場合には、一考を要するといったケースもあるものです。

いずれの場合にも、輪の中心にいて、判断するのは大家さんです。

税理士さんも弁護士さんも私どもも、大家さんが、大家さん自身にとって的確な判断が下せるよう、その材料を提供する立場になります。

第７章

不動産に関する税務と法務

1. 不動産・相続に関する税務

はじめに

私は、不動産投資に関して否定的見解を持ち続けておりました。というのも、私の父がバブル時代末期に建設業者にすすめられるがままに、自宅兼賃貸マンションを建設し、この二〇年以上にわたって借金返済に追われていたからです。高い賃料が継続的に入ってくるという楽観的なシュミュレーションに基づく資金計画は、あっという間に破綻しました。そして、親戚に返済金を借りに行くということを繰り返しておりました。

ところが、樋爪社長にお会いしてお付き合いするようになり、考え方が変わって来ました。樋爪社長はとても投資に慎重で、確信がなければ投資しません。そんな姿を拝見していると、私の父の無計画ぶりがよくわかったからです。それからは、自分なりの投資判断を持ち不動産投資を開始しました。現在ではアパート一棟、戸建て一戸と駐車場を経営するようになりましたが、まだまだ勉強中です。やればやるほど、不動産経営は奥が深いと実感しています。ただ、不動産投資は、税務と密接な関係にあるため、税理士にはアドバンテージがあり、同じ投資からもより大きなキャッシュフローを得ることができると確信しています。

皆様が成功大家さんになることを祈って、私の知識を以下に述べさせていただきます。

不動産を買ったときの税金

不動産を買うときは、重要事項説明を受け契約します。契約時はいつでも緊張するものです。通常は買主がローンを組む銀行の支店で契約します。金額が金額ですから、押印するときに「本当にこれで良かったの？」と頭の中で囁く別の自分がいたりすることもありますよね（笑）。

● 印紙税

売買契約書に収入印紙を貼りますので、不動産を買うときに一番最初に支払うのが印紙税です。契約書が2通あればそれぞれに印紙が必要になりますので、最近では買主が原本を保存し、売主がコピーで済ませることが多いように思います。平成30年3月31日まで、「不動産譲渡契約書」及び「建設工事請負契約書」には軽減税率が適用されています。

● 固定資産税

不動産を買う場合は、「固定資産税清算額」等という名称で、売主に買主が支払います。固定資産税は、毎年1月1日を基準として、その土地建物等の所有者に課税されます。税額は市町村で計算してありますので、納期限まで（一括払い・4回払い）に支払う必要があります。つまり、1月1日現在で支払い義務のあるのは売主ですが、それは1年分の税金のため、買主が一部負担することになるのです。例えば8月10日に所有権移転登記をした場合、1月1日から8月9日までは売主負担、8月10日から12月31日までは買主負担と

不動産譲渡契約書及び建設工事請負契約書に係る印紙税の税率

平成26年4月1日から平成30年3月31日までの間に作成される不動産譲渡契約書及び建設工事請負契約書に係る印紙税の税率は、印紙税法別表第一第1号及び第2号の規定に関わらず、下表の「契約金額」欄に掲げる金額の区分に応じ、「軽減後の税率」欄の金額となります。

契約金額		本則税率	軽減後の税率	参考（軽減額）
不動産譲渡契約書	建設工事請負契約書			
10万円超 50万円以下	100万円超 200万円以下	400円	200円	200円（50%軽減）
50万円超 100万円以下	200万円超 300万円以下	1千円	500円	500円（50%軽減）
100万円超 500万円以下	300万円超 500万円以下	2千円	1千円	1千円（50%軽減）
500万円超　1千万円以下		1万円	5千円	5千円（50%軽減）
1千万円超　5千万円以下		2万円	1万円	1万円（50%軽減）
5千万円超　1億円以下		6万円	3万円	3万円（50%軽減）
1億円超　5億円以下		10万円	6万円	4万円（40%軽減）
5億円超　10億円以下		20万円	16万円	4万円（20%軽減）
10億円超　50億円以下		40万円	32万円	8万円（20%軽減）
50億円超		60万円	48万円	12万円（20%軽減）

なりますので、買主負担分を売買代金に上乗せして、日割りで売主に支払います。

税務上、この清算金は不動産の取得価額とする必要があります。ここは、間違えやすい所です。

● 登録免許税

不動産登記の際に必要となります。通常は司法書士が登記をします。司法書士報酬に含まれて請求されていますので、知らない間に支払っていることが多いですね。売買の場合、税率は下表の通りとなります。固定資産税の評価額に税率をかけたものが登録免許税となります。

念願の不動産を購入し、自分の名前が不動産登記簿謄本に載っているのを見ると、とても嬉しいものです。しかし、喜んでばかりはいられません。不動産を持つことによって、さらに税金が発生します。

登録免許税

登記内容	標準税率	軽減税率
所有権保存（建物建築）	1000 分の 4	1000 分の 1 ～ 1.5
所有権移転（建物売買）	1000 分の 20	1000 分の 1 ～ 3
所有権移転（土地売買）	1000 分の 20	1000 分の 15

● 不動産取得税

忘れたころにやってくるのがこの税金です。申告の必要はなく、都道府県が納付書を作成して送ってきますので、期限内に支払が必要です。ただし、1回限りです。

税額は住宅の場合、固定資産税の評価額に3%をかけた額となります。

● 住宅ローン控除

自宅を住宅ローンを使って購入した場合には、以下のように税額控除を受けられます。ただし、あくまでも「税額控除」ですので、自分の支払った金額以上の還付を受けることはできません。よく無料相談等で「不動産屋さんに20万円税金が戻ると言われたのになぜ10万円なのですか？」と言われることがあります。ご自身の支払った税金が10万円ならば還付の上限は10万円です。

用語説明等

● 所得控除と税額控除

この2つの違いはよく理解してください。所得控除は所得（税金計算前）から引けるもの、税額控除は税金から引けるものです。

同じ控除額であれば、税額から直接控除できる「税額控除」の方がお得です。

住宅ローン控除は「税額控除」になります。

● 消費税

土地の購入は消費税が非課税ですが、建物の購入は課税されます。

消費税の課税事業者は、前々年度の課税売上1000万円超の場合です。

● 税務署からのお尋ね

数件に1件の割合で、税務署から「お尋ね」が封書でくる場合があります。これは、不動産を購入した資金の使途を尋ねてくるものです。銀行ローンを組んでいる場合は、ほとんどくることはありません。弊事務所が関与した中では「離婚による慰謝料」「現金一括購入」の場合にこのお尋ねがきました。

不動産を所有しているときの税金

● 固定資産税

固定資産税評価額に基づき課税される税金です。各市町村には「固定資産評価審査委員会」がありますので、不公平な課税をされていると感じたら、審査請求することもできます。

● 償却資産税

油断している方が多いのが、この「償却資産税」になります。これは固定資産税の一種ですが、減価償却する資産（建物・建物附属設備を除きます）である「構築物」や「工具器具備品」に課税されます。例えば「アパートの外溝」や「門塀」などです。アスファルトの駐車場のアスファルトも課税されます。免税金額は150万円です。意外と知られていませんので、申告書が送られてきてから、相談にいらっしゃる方も多いです。

● 所得税（不動産所得）

不動産を他人に賃貸し、収入がある場合には、毎年確定申告をする義務があります。

（不動産収入―不動産経費―青色申告特別控除―各種所得控除）×税率=所得税

です。税率は給与や事業等と合算した所得を基準として5～45%まで累進課税となります。なお、住民税は別途10%となります。

所得税の税率

[平成27年4月1日現在法令等]

所得税の税率は、分離課税に対するものなどを除くと、5%から45%の7段階（平成19年分から平成26年分までは5%から40%の6段階）に区分されています。

課税される所得金額（千円未満の端数金額を切り捨てた後の金額です。）に対する所得税の金額は、次の速算表を使用すると簡単に求められます。

（平成27年分以降）

所得税の速算表

課税される所得金額	税率	控除額
195万円以下	5%	0円
195万円を超え　330万円以下	10%	97,500円
330万円を超え　695万円以下	20%	427,500円
695万円を超え　900万円以下	23%	636,000円
900万円を超え　1,800万円以下	33%	1,536,000円
1,800万円を超え4,000万円以下	40%	2,796,000円
4,000万円超	45%	4,796,000円

（注）例えば「課税される所得金額」が700万円の場合には、求める税額は次のようになります。

700万円×0.23－63万6千円=97万4千円

※平成25年から平成49年までの各年分の確定申告においては、所得税と復興特別所得税（原則としてその年分の基準所得税額の2.1%）を併せて申告・納付することとなります。

青色申告特別控除

税制上の各種特典を得るために、「青色申告承認申請書」を提出すれば、青色申告特別控除が受けられます。事業的規模の場合で65万円、それ以外の場合は、65万円の控除となります。これはいわば支出していない「架空経費」が「正当な経費」と認められることです。税率20%とすると、65万の控除は税額にして13万円変わってきますので、かなり魅力的です。

事業的規模の形式基準

一般的に5棟10室基準というものがあります。これは、戸建てなら5つ、アパートなら10室以上の場合は、外見的に事業的規模といえるでしょう、という意味です。なお、駐車場の場合は5台で1室と勘定します。戸建て2つ、アパート4室、駐車場4台の場合、$(2\times2)+4+(4\div5)=8.8<10$で事業的規模にはなりません。

● 法人税

会社名義で賃貸事業を行う場合、通常の法人税が課税されます。よく、個人の不動産を自分が設立した法人に売って、節税したいという相談を受けます。この方法で節税ができるのは、年間の不動産収入が1000万円を超えるような人です。安易に法人を作って個人所有の不動産を法人へ売却すると、不必要な税金や維持費用がかかることになりますので、しっかりしたシミュレーションが必要です。法人税の税率は20～40%ですので、所得税の税率が最高税率近い人であれば「所得税の税率55%―法人税の税率40%」の差額分が節税されることになります。

● 消費税（居住用不動産を除く）

テナント貸ししている不動産収入が1000万円を超える場合、消費税の納税義務も生じます。居住用には課税されませんので、不動産事業のみをされていて、消費税を支払っているという人は、テナントだけで1000万円超の収入ということでかなりの資産家ということになります。

なお、駐車場も課税売上が原則ですが、単に土地を貸している（駐車場の設備がない）場合は非課税となります。よくあるパターンは、砂利の土地をロープで区切ってある場合です。これは単に土地を貸しているという解釈になるので、消費税は非課税とされています。アスファルトを敷いた場合は、ロープで区切っていても課税売上となります。

● 事業税

事業的規模で不動産経営していて基準以上の利益が出ている場合に、所得税とは別に事業税がかかります。なお、免税金額は所得290万円で、事業的規模の判定は都道府県で異なります（180ページの所得税上の基準とも異なります）ので、少しややこしいです。居住している都道府県以外に不動産を所有している場合は、事業の実務（入金の管理等）を実際にしている都道府県が、事業的規模の判定基準となります。

不動産を売ったときの税金

不動産を売った場合、所有権移転登記を通じて、法務局から税務署や都道府県に情報が行くのは前に書いた通りです。不動産を売って無申告でいると「お尋ね」が届きます。この「お尋ね」は登記情報が情報源のようです。

● 所得税(譲渡所得)

売却価額−売却のために要した費用−

(取得価額−減価償却費)＝課税所得

課税所得×税率＝税金

譲渡所得の税率

不動産を売却した場合は、賃貸収入のある場合と異なり、税率は累進課税ではありません。東日本大震災の復興税と住民税を含み14.21%、20.315%、39.63%という3段階の税率になりますが、これは売却益の大きさではなく、所有期間が基準となります。具体的には所有期間5年未満で39.63%、5年以上で20.315%、10年以上で自己の居住用だった場合14.21%となります（ただし所得6000万円超だと20.315%)。ここで気を付けていただきたいのは、5年の基準が「売却した年の1月1日で5年以上か」ということです。平成22年3月1日に購入して、平成27年12月30日に売却したとしましょう。普通に計算すれば5年経過していますが、上記の「売却した年の1月1日」を基準とすると、平成27年1月1日で5年以上かを見ますので、まだ5年経過しておらず、税率が

39.63%となってしまうのです。これが年明けに売却すれば20.315%ですので、税金が倍違ってきますので注意が必要です。

● 取得価額の確定（土地と建物それぞれの金額の確定）

例えば、投資用の中古マンションを購入した場合、建物部分と土地部分をどのように分けたらよいと思いますか？　契約書に消費税額が明記されていれば、逆算して建物価格を出すことができます。しかし、問題となるのは消費税の記載がない場合です。この場合よく行われているのは、固定資産税の評価額で建物の評価をし、路線価で土地の評価をして、この2つの数字を用いて按分する方法です。「別にそんなのどうでもいいんじゃない？」と思った人もいらっしゃると思いますが、建物部分は「減価償却」することで、毎年の必要経費に算入できますので、大きな問題なのです。

各種特例

譲渡所得の計算上、かなり大規模な優遇税制がありますので、これらが適用可能か否かで天と地ほど税金が変わってきます。不動産を売却する場合は、事前に税理士事務所で相談し、適用要件のチェックをすることをお勧めします。

● 3000万控除

「自己の居住用」不動産の売却利益から3000万円を控除できる特例です。

個人の譲渡所得の特例チャート

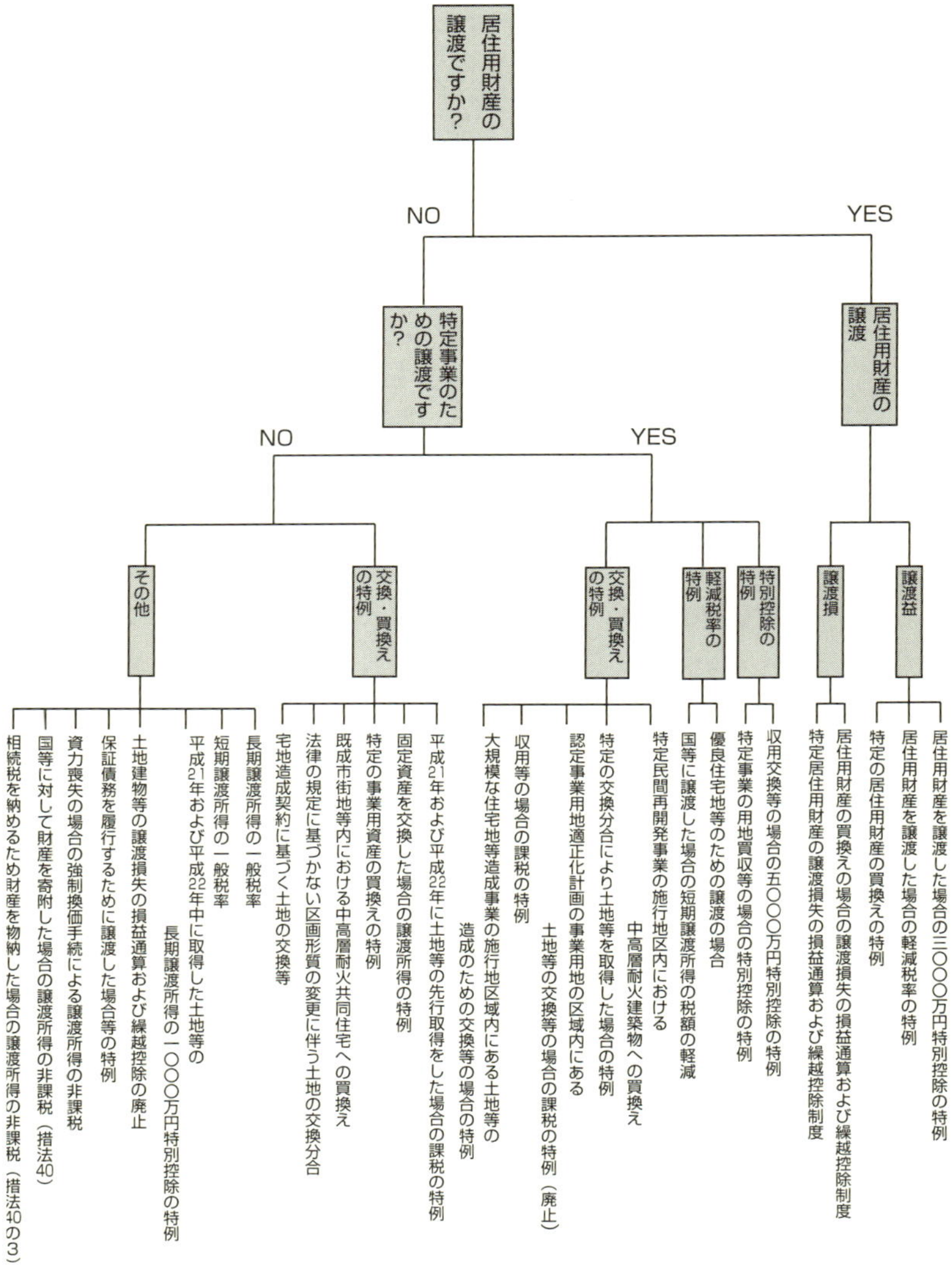

● 買換えの特例

「自己の居住用」不動産の売却利益を、「繰延」させることができます。3000万円以上の利益が出て、将来的に売却の予定がない場合に使用するのがいいでしょう。あくまでも利益の「繰延」のため、買換え資産を将来的に売却した場合に、一気に課税されますので注意が必要です。

不動産を贈与した場合の税金

不動産を贈与した場合、贈与税がかかります。また、時価よりも安く売った場合も贈与税がかかりますので、注意が必要です。

例えば10年前に2000万円で買った土地を友人に譲ってほしいと言われ、2000万円で売った場合を考えてみましょう。土地の時価が3000万円だった場合、友人に対して3000万－2000万＝1000万円を贈与したことになりますので、227万円の贈与税がかかります。

なお、次頁の表は贈与税の基礎控除額110万円を控除してから判定します。1000万円を贈与した場合は、

（1000－110＝890、890×40%－125＝227万円）となります。

贈与税の計算と税率（暦年課税）

■贈与税の速算表

平成 27 年以降の贈与税の税率は、次のとおり、「一般贈与財産」と「特例贈与財産」に区分されました。

【一般贈与財産用】（一般税率）

この速算表は、「特例贈与財産用」に該当しない場合の贈与税の計算に使用します。

例えば、兄弟間の贈与、夫婦間の贈与、親から子への贈与で子が未成年者の場合などに使用します。

基礎控除後の課税価格	200 万円以下	300 万円以下	400 万円以下	600 万円以下
税率	10%	15%	20%	30%
控除額	−	10 万円	25 万円	65 万円

基礎控除後の課税価格	1,000 万円以下	1,500 万円以下	3,000 万円以下	3,000 万円超
税率	40%	45%	50%	55%
控除額	125 万円	175 万円	250 万円	400 万円

【特例贈与財産用】（特例税率）

この速算表は、直系尊属（祖父母や父母など）から、その年の 1 月 1 日において 20 歳以上の者（子・孫など）※への贈与税の計算に使用します。

※「その年の 1 月 1 日において 20 歳以上の者（子・孫など）」とは、贈与を受けた年の1月1日現在で 20 歳以上の直系卑属のことをいいます。

例えば、祖父から孫への贈与、父から子への贈与などに使用します。（夫の父からの贈与等には使用できません）

基礎控除後の課税価格	200 万円以下	400 万円以下	600 万円以下	1,000 万円以下
税率	10%	15%	20%	30%
控除額	−	10 万円	35 万円	90 万円

基礎控除後の課税価格	1,500 万円以下	3,000 万円以下	4,500 万円以下	4,500 万円超
税率	40%	45%	50%	55%
控除額	190 万円	265 万円	415 万円	640 万円

不動産を相続したときの税金

ご存知のとおり、相続税がかかります。相続税は所得税と同様に累進課税です。

● 相続税の計算

基礎控除は3000万円+600万円×法定相続人の数

法定相続割合で相続したものと仮定して、各自の相続税額を算定し、それを合計して相続税の総額を決めます。

● 資産の評価

評価は原則時価です。現預金や上場株式等は唯一の時価がありますが、不動産や非上場株式は唯一の時価がないため問題となります。そこで、実務上は不動産を以下のように評価します。

土地：路線価を使用して調整率を掛けて算定する

建物：固定資産税評価額

ただし、不動産鑑定士の鑑定評価を用いると評価が大幅に下がることがあります。私が税理士になりたてのころ「河合君、路線価なんか使って申告してちゃだめだよ」と先輩に言われたことがあります。当時は何を言われているのかわかりませんでした。不動産鑑定評価で1000万円下がれば、数百万円の節税ができますので、必ず不動産鑑定士の鑑定評価と路線価計算の額は比較する必要があります。

なお、一部の不動産鑑定士は路線価そのものを税務署の委託で算定しています。つまり税務署がお客様になっている人もいるわけです。そうなると、税務署寄りの評価になってしまいますので、どの不動産鑑定士に依頼するかということも大事なことなのです。信じられないかもしれませんが、誰が評価するかで数百万円税額に差異が生じることもあり得るのです。そのあたりの情報は、実際に相続税申告書を作成する税理士に聞いてみてください。

相続税の税率

[平成 27 年 4 月 1 日現在法令等]

相続税額の算出方法は、各人が相続などで実際に取得した財産に直接税率を乗じるというものではありません。

正味の遺産額から基礎控除額を差し引いた残りの額を民法に定める相続分によりあん分した額に税率を乗じます。この場合、民法に定める相続分は基礎控除額を計算するときに用いる法定相続人の数に応じた相続分（法定相続分）により計算します。

実際の計算に当たっては、法定相続分によりあん分した法定相続分に応ずる取得金額を下表に当てはめて計算し、算出された金額が相続税の総額の基となる税額となります。

「相続の開始の日（被相続人の死亡の日）」により、次のとおりとなります。

【平成 27 年 1 月 1 日以後の場合】相続税の速算表

法定相続分に応ずる取得金額	税率	控除額
1,000 万円以下	10%	−
3,000 万円以下	15%	50 万円
5,000 万円以下	20%	200 万円
1 億円以下	30%	700 万円
2 億円以下	40%	1,700 万円
3 億円以下	45%	2,700 万円
6 億円以下	50%	4,200 万円
6 億円超	55%	7,200 万円

この速算表で計算した法定相続人ごとの税額を合計したものが相続税の総額になります。

（相法 16、平 25 改正法附則 10）

● 非課税資産

墓石や「おりん」・仏像等は非課税です。それを利用して純金の「おりん」や仏像を相続税対策と言って販売している業者があります。ただ、1000万円で売っている仏像を「金の地金」とみると300万円程度であり、実際に3分の1に目減りしています。それならば、実際に50%の相続税を支払った方が、手残りは多いことになり、本末転倒の相続税対策になってしまいます。

● 3年以内贈与

相続開始前3年以内に法定相続人に贈与したものは、相続財産に入れて再計算しなければなりません。しかし、この規定は「法定相続人」への贈与ですから、法定相続人以外の孫や息子の嫁などへの贈与は、有効です。

● 贈与による事前対策

相続時精算課税制度も相続対策上有効です。2500万円までは非課税で贈与できるというメリットもありますが、相続が発生した場合は相続財産に戻入して相続税の計算をする必要がありますので税務上はあまり意味がありません。

私が考える一番のメリットは、不動産の名義を相続前に決めてしまえる点です。「自宅部分は絶対に長男に！」という場合には相続時精算課税制度を選択し長男に生前贈与することで、生前に長男に名義変更することができます。そうすれば「自宅を売って現金にしてみんなで分ける」ことは長男の意思でしかできなくなり、自宅を守ることができる可能性が高くなります。

● タワーマンション規制

タワーマンションは税務上の評価額と時価の乖離が大きいことが多く、その差額が相続財産の評価を下げることになります。例えば、被相続人の死亡前に1億円でマンションを購入し、相続が発生し（評価額6000万円）、その後9500万円で売却した例を考えてみましょう。マンションの売却損は500万円発生していますが、1億円が6000万円の評価となっていますので、差額の4000万円×税率（例えば20%）＝800万円を節税したことになり、差し引き300万円得した計算になります。

このような節税対策が一般化したため、最近はこの対策に関しては規制がかかっています。相続発生直後に売却したような場合は、租税回避を目的としたものと認定され、上記の例でも6000万円での評価でなく、9500万円の評価とされてしまうのです。少なくとも相続税の申告期限までは保有することが必要でしょう。

税務調査

最後に税務調査について少し触れておきます。税務調査には必ず税理士に立会を依頼してください。そうしないと税務署のペースですべてが進められてしまいますので、不利な結果になってしまいます。税務調査で大事なのは、最後の交渉力です。白黒はっきりしているものは、お互いに異論がありませんが、灰色のものは交渉力次第で白になったり黒になったりするものです。

以前、「税務調査を税理士なしで受けて税務署に400万円を追加で払えと言われていて困っている」という相談を受けました。それは、社長や役員の個人的な費用を会社の経費にしていたものでした。弊事務所で1つひとつ内容を洗い直し、会社の経費であることを理論づけし、納税額は半分の200万円になりました。税務調査対応にはノウハウがあります。対応次第で数百万円は簡単に変わってきます。税務調査になった場合、顧問税理士がいたとしても、最終的な修正申告をする前に、調査に慣れた事務所に相談するのも一考です。

2. 不動産・相続に関する法務

本書では、不動産を所有する大家さんにまつわるさまざまなお話を紹介しております。そこで、本項では、これまで本書で触れてきた不動産や相続に関する法務について、特に重要な点についてお話ししたいと思います。

(1) 不動産に関する法務

①不動産の物権変動における対抗要件

不動産の所有権は、売買契約や相続などによって移転します。当事者間では売買契約の締結や相続の発生によって物権の変動(移転)が起きたことがわかりますが、第三者からはそれがわかりません。不動産は、その価値が大きい重要な財産ですから、その物権変動が第三者から認識できないと、取引の安全を害するおそれがあります。

例えば、Aさんが、その所有する不動産をBさんに対して売買をしました。ところが、その後、この事実を知らなかったCさんが、Aさんに対し、より高い金額でその不動産を買いたいと言い、AさんはCさんにも同じ不動産を売買しました。

この場合、二重売買となりますが、どちらの契約も契約としては有効となります。当然ですが、Bさんとしては、Cさんに対し、自分が先に不動産を買ったのだから、所有権は自分にあるのだ、と主張することとなります。しかし、Cさんは、AさんからBさんへの売買を知らなかったのです（Aさんが二重売買してしまったことの是非については省略します）。

はたして、Bさんの主張は通るのでしょうか。

不動産については登記という公示手段が採用されており、これを第三者に対して物権変動（所有権移転）を主張するための対抗要件としています。つまり、この事例の場合、Bさんは、所有権移転登記しなければ、Cさんに対して自分の所有権を主張できないこととなります。このように、不動産の物権変動は、登記をしなければ、第三者に主張（対抗）できません。したがって、契約や相続によって不動産を取得する場合には、忘れずに登記をしなければいけません。

②共有における法律関係

本書で共有にまつわるお話が出てきました（99〜106ページ参照）。共有とは、複数人において、不動産や動産を共同所有することを言います。土地や建物など、それ自体を分割することはできないが、複数人で所有できる状態にしたい、それが共有です。

本書でも触れましたが、遺産分割協議において、不動産を共有にするという手法がとられることがあります。

一見、相続人間で平等に不動産を所有するという合理的手法にも思えますが、共有における法律関係をきちんと理解しておかないと大変なことになります。

例えば、「不動産を共有にしたはいいが、実際に不動産を使うこともない。そうであれば、不動産全体を売却して現金化し、これを他の共有者と分けよう」といったことを考えたりすることが起きるかもしれません。しかし、共有不動産全体を売却しようと考えても、共有者全員の同意がなければいけません。そのため、売却に反対する他の共有者がいると、不動産全体を売却することは困難となります。

また、「不動産全体が売却できないなら、自分の持分だけでも第三者へ売却しよう」と考える方もいるかもしれません。

しかし、他の共有者がいる持分を購入しようとする人はなかなかいません。他の共有者と何の関係性もない人であればなおさらです。

さらに大きな問題が起こる場合としては、共有者が死亡し、相続が発生した場合があります。

ある共有者が亡くなり、その相続人が複数人いた場合、その共有持分は、さらに細分化されて次の代へ相続されることとなります。そうすると、不動産全体を売却するために、同意を要する人数が増えてしまうのです。そうなってくると、全員の同意を得ることも困難となっていきます。

したがって、遺産分割協議をする際、不動産を共有状態にするかどうかは、将来的にこのようなリスクがあることを念頭に置きながら考えなければいけません。一概には言えませんが、不動産の遺産分割では、各相続人の思惑や考えが交錯するため、前述したようなリスクも考えると、共有にすることはあまりお勧めできません。不動産は一人の相続人の単独所有とし、その他の相続人に対しては、他の遺産を分割したり、代償金を支払うといった手法をとることをお勧めします。

(2) 建物賃貸借の法務

マンションなどの建物賃貸借における貸主と借主との法律関係を規律する法律として、借地借家法があります。借地借家法では、建物賃貸借について様々な規定を設けています。その代表的なものをご紹介します。

①期間の定めのある建物賃貸借

一般的な建物賃貸借契約では、賃貸借期間が二年とされ、期間満了ごとに更新をしていることが多いと思います。借地借家法では、期間の定めのある建物賃貸借の場合、賃貸借期間満了の一年前から六カ月前までの間に、賃貸人から更新拒絶の通知をしない限り、従前の契約と同一の条件で契約を更新したものとみなされます（法定更新）。ただし、その期間は期限の定めのないものとなります。

また、賃貸人が更新拒絶の通知をしたとしても、賃貸借期間満了後に賃借人が使用を継続した場合、そのことに対して賃貸人が遅滞なく異議を述べないと、やはり従前の契約と同一の条件で契約を更新したものとみなされます。

では、賃貸人が更新拒絶の通知をし、さらには遅滞なく異議を述べれば、賃貸借契約は期間満了と共に終了するのでしょうか。

いいえ、そうはいかないのです。

更新拒絶が認められるには、更新拒絶を認めるだけの「正当事由」がなければいけません。「正当事由」があるかどうかは、賃貸人及び賃借人それぞれの建物使用の必要性、賃貸借に関する従前の経過、建物の利用状況、建物の現況、立退料等の提供を総合的に考慮して判断されます。

このように、賃貸人からの更新拒絶は無条件に認められるわけではありません。借地借家法は、賃借人に手厚い保護を与えています。

よって、賃貸マンションのオーナーになる場合には、自分の都合だけで賃借人を追い出すことができないことを理解しておく必要があります。

②定期建物賃貸借

これまでお話ししたように、期間の定めのある建物賃貸借契約では、期間満了を迎えてもそのまま建物賃貸借が終了する建前となっていません。そうすると、契約で賃貸借期間を決めているのに、更新が認められてしまっては困る、という大家さんもいらっしゃると思います。

その場合、公正証書等による書面に、契約の更新がなく、期間の満了により当該建物の賃貸借が終了する旨の定めを設けて契約をすれば、定期建物賃貸借として、期間満了とともに建物賃貸借契約は終了することとなり、その後更新するか否かは大家さんと借主との合意によって決まる、ということになります（定期建物賃貸借）。

ただし、定期建物賃貸借は賃借人にとって大きな利害がありますから、賃借人に対し、契約の締結に先立って、契約書とは別個に、定期建物賃貸借は契約の更新がなく、期間の満了により建物賃貸借が終了することを記載した書面を交付してその説明をしなければいけません。

③原状回復義務

建物賃貸借では、賃貸人は賃借人に対し、賃借物件を使用収益させる義務を負い、賃借人は賃貸人に対し、賃料を支払う義務を負います。

建物賃貸借において特に問題となることが多いのは、賃貸借契約が終了し、賃借人が賃借物件を明け渡す際の原状回復にかかわる部分です。賃借人は、賃借物件を明け渡す際に当該物件について原状回復義務を負います。

原状回復とは、賃貸借開始の状態に戻すことをいうのではなく、当該賃貸借の目的や用法に従った通常の使用を超える損耗について復旧、修復することをいいます。したがって、賃借人に原状回復義務が生じるのは、原則として、賃借人の故意又は過失によって生じた損耗・毀損についてのみです。よって賃借物件を普通に使用していれば生じる損耗（通常損耗）については、原則として原状回復義務はありません。

ところが、実際の建物賃貸借契約においては、賃借人に対して、クリーニング代や畳の表替え、網戸の張り替え、床の張り替え等の通常損耗についても原状回復義務を負わせる通常損耗補修特約を設けるケースが多いのですが、特約内容の曖昧さや契約時の説明不足等により、通常損耗についてまで原状回復義務を負う、負わないといったトラブルが発生することがあります。通常損耗補修特約は、先ほどお話ししたように、賃借人に対して、本来の原状回復の範囲を超える義務を負わせることとなり、賃借人に対して予期しない負担を課すものとなります。

そこで、このような特約を設けるにはきちんとした条件を満たさなければいけません。

判例上、建物の賃借人に対して通常損耗についての原状回復義務を負わせるには、賃借人が補修費用を負担することになる通常損耗の範囲が賃貸借契約書の条項自体に具体的に明記されているか、仮に賃貸借契約書では明らかでない場合には、賃貸人が口頭により説明し、賃借人がその旨を明確に認識し、それを合意の内容としたものと認められるなど、その旨の特約が明確に合意されていることが必要である、とされています。

そして、国土交通省では原状回復に関するガイドラインを公表しており（「原状回復をめぐるトラブルとガイドライン」）、そのなかで、原状回復に関する考え方や賃貸住宅標準契約書や契約書に添付する原状回復の条件に関する書式が紹介されています。

せっかくの縁で建物を賃貸することになったのですから、賃借人には気持ちよく賃借物件で生活してもらい、原状回復のことで揉めずに気持ちよく明け渡してもらいたいものです。

これこそが賃貸経営を長く続ける一つの方策ではないでしょうか。

(3) 相続の法務

①相続での争いを防ぐためには

不動産は価値が大きい資産です。不動産は容易に処分できるものではありませんし、不動産そのものを分割することも容易ではありません。ですから、不動産を所有していた方がお亡くなりになった場合、相続人間できちんとした話合いができないと紛争へ発展してしまうケースがあります。

一度紛争になってしまうと大変です。

相続人間で遺産分割協議が整わない場合、裁判手続を利用しないとなかなか解決できず、また最終的に解決に至っても、それまでに長い月日がかかった、ということは珍しくありません。親子・兄弟姉妹とはいっても、それぞれが独立して生活していればその置かれている環境や立場も違います。

遺産相続では、各相続人のさまざまな気持ち、感情、思惑がでてきます。

被相続人が亡くなる前は仲の良かった相続人達が、被相続人が亡くなりいざ遺産の問題となると、その分割をめぐって仲が悪くなり、紛争に発展するということは珍しいことではありません。しかし、そういった相続紛争を望んでお亡くなりになる方はいらっしゃらないと思います。遺産をめぐって、それまで仲の良かった相続人の関係が悪化することは決してよいことではありません。

そこで、相続紛争を避けるための準備をきちんとしておく必要があります。

では、どう準備をすればよいのでしょうか。

②遺言書を作る

遺産紛争を避ける準備として、遺言書を作成するという方法があります。

遺言には大きく分けて、自筆証書遺言、公正証書遺言、秘密証書遺言の三つの種類の遺言があります。自筆証書もしくは公正証書によって作成する方が多いと思われます。

自筆証書遺言は、文字通り、遺言書の全文、日付、氏名を自筆で作成し、押印することによって完成する遺言書のことです。

公正証書遺言は、証人二名以上の立会のもとに、公証人の面前で作成する遺言書です。

遺言書を作成しておけば、ひとまず相続紛争を避けることはできます。被相続人が築き上げた財産をどのように相続させるのかは、被相続人自身に決める権利がありますから、その意思は尊重されるべきです。

しかし、当然のことですが、遺言書はあくまでも被相続人の意思にすぎず、相続人の意思は反映されません。

なかには、遺言書に記載されている遺産の分け方に不満を持つ相続人が存在する可能性が十分にあります。その結果、遺産の分け方については揉めなかったが、やはり相続人間の仲がそれまでよりも疎遠になってしまった、あるいは仲が悪くなってしまった、となる可能性も否定できません。

また、相続人全員で、遺言書の内容と異なる遺産分割協議をすることができるため、遺産の分け方について、被相続人の意思と相続人らの意思があまりにもかけ離れてしまっている内容になっていると、相続人らが遺言書とは別の内容の遺産分割協議をしてしまう可能性もあります（遺言によって、遺産分割を禁止している場合や遺言執行者選任をしている場合を除きます）。

そうすると、せっかく作った遺言書が意味のないものになってしまいます。

では、被相続人の意思と相続人の意思を合致させるためにはどうしたらよいでしょう。

③生前に被相続人・相続人間できちんと遺産の把握・分割の話合いをしましょう

相続人らに自分の気持ちどおりに遺産を相続させたい、遺産をめぐって相続人らで紛争を起こしてほしくない、円満に自分の遺産を取得してもらいたい、その想いを実現したいですよね。

そのためには、被相続人となる方が生きているうちに、相続人となろうとする方々が遺産となる財産をきちんと把握し、被相続人がこれをどのように分けたいと考えているのか、それに対して相続人となろうとする方々がどのように考えているのか、ということを腹を割って話し合うことが大事です。

本書の著者である樋爪氏は、この方法を採られ、相続で揉めることなく遺産を承継しています。

生前に被相続人・相続人間できちんと遺産の把握・分割の話合いをして、遺産の分け方に関しての合意をする。この手段によって、被相続人の意思を最大限に反映し、かつ、相続人らも納得した遺産分割が実現できるのではないでしょうか。

弁護士や税理士といった法律の専門家、税の専門家にも相談をし、皆さん一体となって協議をすることが相続紛争を避ける一番の近道なのです。

あとがき

家業は親まかせで、サラリーマン生活を送っていた私が、大家業を手がけるようになって、十余年が経ちます。

最初は父の指導のもと、見よう見まねでしたが、その後、多くの方々との出会いがあり、またご指導をたまわってきました。この本で記した事柄は、そうしたご指導で得られた知識が核になっています。

相続税対策については、本文でも触れさせていただいたように、銀行の担当者の方、税理士、弁護士の先生はじめ、多くの方々から助言をいただいて実行してきました。

なかでも、埼玉県資産経営協会の阿部さん、高木さんには、相続税対策に取りかかるきっかけをいただきました。

また、りそな銀行の秋本さんからうかがった、「兄弟ケンカは良いが、孫が残ったおじいちゃんかおばあちゃんに逢えなくなるのは、かわいそうだ、私もそうだった」という言葉には、心を動かされました。身内を大切に思い、相続対策を行う必要性を痛感しました。

ご指導、ご助言をいただいたみなさまに感謝の言葉を捧げますとともに、私の体験から出発したこの本が、たくさんの方々のお役に立てますよう、お祈りいたします。

【著者プロフィール】

樋爪　克好（ひづめ　かつよし）
1965年、埼玉県生まれ。1988年、酪農学園大学農業経済学科卒業。1988年、埼玉県南水道企業団(現さいたま市水道局)入社。2007年、さいたま市総務局危機管理室退職。2007年7月株式会社ラダースポーツ設立、代表取締役就任。2014年、株式会社K's コーポレーション設立、代表取締役就任。

河合　明弘（かわい　あきひろ）
1968年、埼玉県生まれ。1991年、中央大学商学部会計学科卒業。1995年、公認会計士第2次試験合格。監査法人日本橋事務所勤務などを経て、2003年、公認会計士登録・税理士登録。2013年、さいたま新都心税理士法人設立。2014年、公益社団法人全国競輪施行者協議会監事、公益社団法人埼玉県不動産鑑定士協会監事。

武藤　洋善（むとう　ひろよし）
1982年、埼玉県生まれ。2004年、明治大学法学部卒業。2007年、明治大学法科大学院卒業。2007年、司法試験合格。2008年〜、埼玉弁護士会所属。

大家さんのための空き部屋対策はこれで万全!!
儲かるマンション経営

2016年　4月　15日　　第1版第1刷発行

著　者　樋爪 克好

河合 明弘

武藤 洋善

発行者　高橋 考
発行所　三和書籍
〒112-0013　東京都文京区音羽2-2-2
TEL 03-5395-4630　FAX 03-5395-4632
http://www.sanwa-co.com/
info@sanwa-co.com
印刷所 / 製本 モリモト印刷株式会社

ISBN978-4-86251-194-2　C0034